Patsy Westcott

Rund ums Essen für Babys und Kleinkinder

Wertvolle Tips für die gesunde Ernährung

Mosaik

Autorin und Verlag sind Laura Wickenden für die Mitarbeit an diesem Buch zu Dank verpflichtet. Von ihr stammen sämtliche Fotos mit Ausnahme von: S. 1 Sandra Lausada/Collections; S. 10 The Stock Market; S. 13 Susanna Price/ Bubbles; S. 17 (unten), S. 25 (oben), S. 28 Andrew Sydenham; S. 30 The Stock Market; S. 31 (unten) Andrew Sydenham; S. 33 The Stock Market; S. 34, S. 42, S. 43 (unten), S. 46, S. 48, S. 49 (oben), S. 50, S. 51, S. 59, S. 61, S. 63 (unten), S. 68, S. 69 Andrew Sydenham; S. 81 Nancy Durrell McKenna/The Hutchinson Library; S. 89 Andrew Sydenham; S. 96 The Stock Market; S. 97 (unten) Peter Myers; S. 103 Tony Latham/Tony Stone Images

Übersetzung und Produktion der deutschsprachigen Ausgabe:
Dr. Reitter & Partner Verlag GmbH, Vaterstetten

Aus dem Englischen von Christina Marshall

Umschlaggestaltung: Design Team München

Umschlagfoto: Mauritius/AGE

Druck und Bindung: Printer Portuguesa, Mem Martins

Printed in Portugal / 5 4 3 2 1

ISBN 3-576-13102-7

INHALT

Von der Milch zur ersten festen Kost

Mit der Familie essen

Ernährung des Kleinkinds

Eßverhalten

Auswärts essen

Wenn Essen Probleme schafft

EINFÜHRUNG

Was Ihr Kind in den ersten Monaten seines Lebens ißt, schafft die Grundlagen für seine Gesundheit und sein Wohlbefinden. Ihr Ziel ist es nun, feste Nahrung in den Speiseplan Ihres Babys einzuführen und allmählich den Schwerpunkt von Milch auf Festnahrung zu verlagern, bis das Baby dieselben Speisen ißt wie der Rest der Familie. Spätestens jetzt ist daher auch der Moment gekommen, daß Sie darüber nachdenken sollten, wie Sie und Ihre Familie essen. Ihr Baby wird Ihre Eßgewohnheiten übernehmen, die guten und die schlechten. Wenn Sie gesunde Nahrungsmittel zu sich nehmen, wird auch Ihr Baby sie mögen. Wenn Sie dauernd Junk food knabbern, vor dem Fernsehapparat essen oder Ihre Mahlzeiten im Stehen hinunterschlingen, ist auch die liebevollste Zubereitung gesunder Speisen fürs Baby auf die Dauer vergeblich. Für ein Baby oder ein Kleinkind zu sorgen ist daher die beste Gelegenheit, daß sich die ganze Familie besser ernährt.

HÄUFIGE FRAGEN

Ein Baby in den ersten Lebensmonaten zu füttern ist verhältnismäßig unproblematisch, wenn Sie sich erst einmal entschieden haben, ob Sie es stillen oder ihm die Flasche geben wollen. Erst wenn das Baby feste Nahrung bekommen soll, tauchen Fragen auf: Welche Nahrungsmittel sind für das Baby am besten? Wie kann ich es dazu bringen, eine Vorliebe für gesunde und vollwertige Kost zu entwickeln? Wie gehe ich mit einem Kind um, das überhaupt nichts essen will, oder mit einem, das zuviel ißt? Kann ich auch Fertignahrung verwenden? Wie kann ich verhindern, daß mein Kind zuviel Süßigkeiten ißt? Diese Fragen und viele andere will dieses Buch beantworten.

WICHTIGE RICHTLINIEN

Es ist weder schwierig noch kompliziert, ein Baby oder Kleinkind zu füttern. Wenn überhaupt, gibt es nur ein paar wenige feste Regeln dafür. Die meisten Experten sind sich darüber einig, was eine gute und gesunde Ernährung für Babys und kleine Kinder ausmacht (und das ist nicht dasselbe wie eine gesunde Ernährung für Erwachsene, siehe Seite 107). Vor allem muß der Speiseplan Ihres Babys abwechslungsreich sein. Sie erreichen dies am besten dadurch, indem Sie darauf achten, daß das Kind möglichst viele frische Nahrungsmittel ißt, jedoch möglichst wenig tierische Fette und leere Kalorien, wie sie etwa in Süßigkeiten und in Knabberzeug vorkommen.

Auch über den richtigen Zeitpunkt, um feste Kost einzuführen, herrscht heute weitgehende Übereinstimmung. Früher bekamen manche Babys sie schon in den ersten drei Lebensmonaten. Heute weiß man, daß es später Probleme verursachen kann, wenn feste Speisen zu früh eingeführt werden. Fachleute sind heute übereinstimmend der Ansicht, daß es in den meisten Fällen vernünftig ist, feste Nahrung zumindest in den ersten vier Lebensmonaten beiseite zu lassen und manchmal sogar zu warten, bis das Baby ein halbes Jahr alt ist.

WIE MAN ANFÄNGT

In den ersten drei Kapiteln dieses Buches geht es darum, wie, wann und womit Sie Ihr Baby oder Ihr Kleinkind füttern. Kapitel 1 begleitet Sie durch die ersten Tage mit fester Nahrung, gibt Ihnen Ratschläge, wie Sie ein gestilltes oder mit dem Fläschchen ernährtes Kind zuerst mit festen Speisen bekannt machen, beschreibt, welche Speisen Sie Ihrem Kind anbieten, und wie Sie vorgehen, wenn Ihr Baby mehr und mehr auf feste Nahrung umgestellt ist. Es werden Speisepläne vorgeschlagen, damit Sie eine Vorstellung davon entwickeln, welche verschiedenen Nahrungsmittel und wieviel davon Ihr Baby in dieser ersten Zeit zu sich nehmen kann. Und schließlich werden die häufigsten Probleme angesprochen, mit denen Eltern in dieser Zeit konfrontiert sind, und es werden Lösungen dafür angeboten.

WENN DAS BABY HERANWÄCHST

Kapitel 2 und 3 befassen sich mit der Zeitspanne zwischen etwa 6 Monaten, wenn sich Ihr Kind bereits an feste Nahrung gewöhnt hat, und 3 Jahren, wenn es schon mit der ganzen Familie am Tisch sitzen und dasselbe wie die anderen essen sollte. Während dieser Zeit freundet es sich mit immer mehr verschiedenen Geschmacksrichtungen und Konsistenzen an. Auch hier erlauben Ihnen beispielhafte Menuvorschläge, mit einem Blick zu sehen, was Ihrem Baby oder Ihrem Kind schmecken könnte und wieviel es täglich essen kann.

Aber dies sind auch die Jahre, in denen z.B Großeltern Ihr Kind mit Süßigkeiten zu überhäufen versuchen. Es läßt sich nicht verhindern, daß ein Kind Süßigkeiten ißt, aber Sie können lenkend darauf hinwirken, daß es nicht zu viele sind. Sie können dafür sorgen, daß möglichst viel vom Schleckerzeug, das es tatsächlich vernascht, gesund ist, und im übrigen darauf vertrauen, daß gelegentliche Süßigkeiten einem Kind, das ansonsten ausgewogen ernährt wird, nichts anhaben kann.

Selbst angesichts der arbeitssparenden Haushaltsgeräte, die vielen von uns heute selbstverständlich sind, fehlt den meisten Eltern schlicht die Zeit, täglich

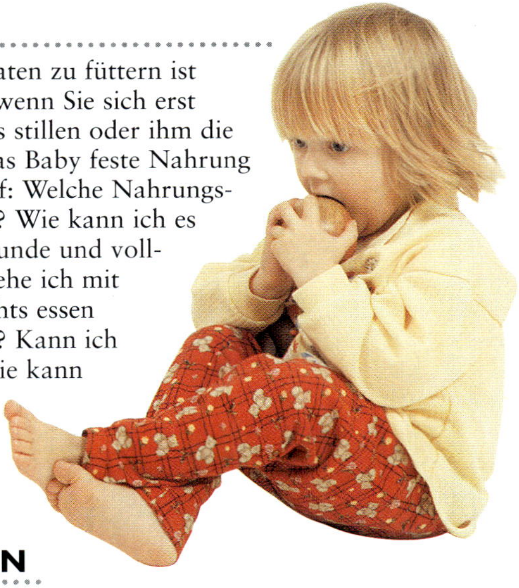

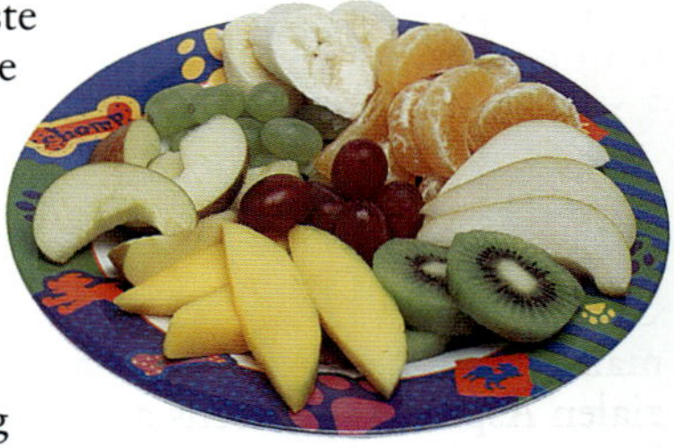

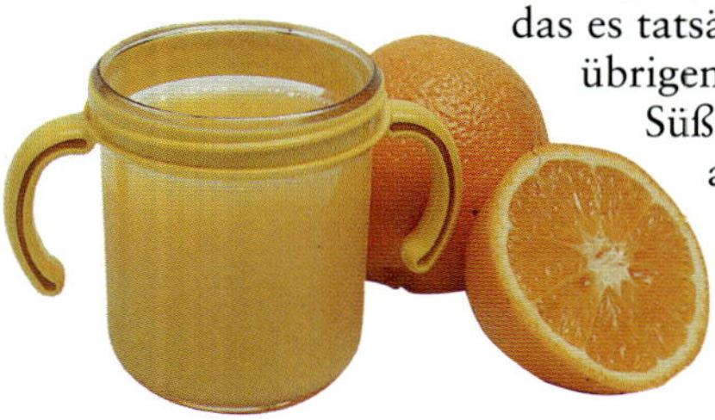

Mahlzeiten für die ganze Familie aus naturbelassenen Zutaten zu kochen. Statt dessen greifen sie manchmal auf Fertiggerichte zurück. Auch hierbei kommt es darauf an, die vergleichsweise gesünderen Produkte auszusuchen.

ESSEN UND SOZIALE BEZIEHUNGEN

Genau so wichtig wie der reine Nährwert des Essens ist es, was, wo und wie man ißt und welche Einstellung man zum Essen hat. Ihr Kind lernt die sozialen Aspekte des Essens aus den Erfahrungen, die Sie ihm im Zusammenhang mit Essen vermitteln, und zwar sowohl zuhause als auch, wenn Sie mit ihm unterwegs sind.

Kapitel 4 beschäftigt sich mit dem Verhalten Ihres Kindes im Zusammenhang mit Essen: wie Sie das Kind zu annehmbaren Tischmanieren ermutigen, wie Sie es bei den Mahlzeiten in die Familiengemeinschaft integrieren und wie Sie sich verhalten, wenn es sich Marotten angewöhnt hat, nicht merkt, wann es zuviel gegessen hat, oder wenn es sich nicht entwöhnen lassen will.

In manchen Kulturkreisen waren Kinder schon immer willkommen, wenn sie mit ihrer Familie in Restaurants oder Hotels speisten. Heute ist dies auch bei uns nichts Besonderes mehr. Kinder, die noch nie in einem Restaurant gegessen haben, sind heute eher die Ausnahme als die Regel. Auch nehmen viele Eltern ihr Baby mit, wenn sie zum Essen bei Freunden eingeladen sind. Und weil mehr und mehr Familien ihre Ferien im Ausland verbringen, lernen Kinder frühzeitig die verschiedensten Koch- und Eßgewohnheiten kennen.

Kapitel 5 enthält praktische Ideen, wie das Auswärts-Essen für alle angenehm und erholsam sein kann. Es gibt Tips, wie Sie die passende Lokalität auswählen, was Sie auf Reisen mitnehmen sollten und wie Sie verhindern, daß Freunde und Verwandte Ihre Bemühungen um eine gesunde Ernährung Ihres Kindes zunichte machen.

PROBLEMLÖSUNGEN

Viele der häufigsten Probleme, die mit dem Essen zu tun haben, werden in diesem Buch besprochen. Es gibt jedoch Familien, in denen das Kind aufgrund einer Erkrankung, z.B. Diabetes, Allergie oder einer Unverträglichkeit, ein ganz spezielles Essensproblem hat. Mit solchen Situationen fertig zu werden kann sehr schwierig sein. Einerseits soll Ihr Kind so „normal“ wie möglich aufwachsen, andererseits muß es sich bewußt sein, daß es manchmal nicht das Gleiche essen kann wie seine Freunde. Kapitel 6 widmet sich solchen besonderen Problemen und gibt Ratschläge, wie man sie in den Griff bekommt.

SIE WISSEN ES AM BESTEN

Weil immer mehr Bücher und Artikel über sämtliche Aspekte der Kindererziehung geschrieben werden, sind manche Mütter und Väter drauf und dran, das Vertrauen in ihre elterlichen Fähigkeiten zu verlieren. Nirgends wird dies so deutlich wie im Verhältnis zum Essen. Aber das Füttern von Babys oder kleinen Kindern ist ein Gebiet, auf dem man wirklich nicht viel falsch machen kann, wenn man sich an das Wesentliche hält. Ein Kind, das gelernt hat, frisches Obst und Gemüse, mageres Fleisch, Fisch, Milch- und Vollkornprodukte zu mögen, ist ein gesundes Kind, und es wird seine gesunden Vorstellungen über Essen und Ernährung in seine Teenagerjahre und in sein Leben als Erwachsener mitnehmen. Dieses Buch zeigt Ihnen, daß die Ernährung kleiner Kinder nichts Geheimnisvolles an sich hat, und es gibt Ihnen die Zuversicht, daß Sie selbst tatsächlich am besten wissen, was gut für Ihr Kind ist.

Von der Milch zur ersten festen Kost

Über die Mutter- oder die Flaschenmilch erhält das Baby in den ersten Lebensmonaten alle lebenswichtigen Stoffe in ausreichender Menge. Ab dem Alter von 4 bis 6 Monaten kann Milch alleine den Nährstoffbedarf des Säuglings nicht mehr decken, und man beginnt mit dem Zufüttern der Beikost. Wenn die feste Kost dann in den Vorder- und das Stillen oder die Flasche in den Hintergrund treten, spricht man von der Phase des Abstillens oder Entwöhnens. Der erhöhte Nährstoffbedarf wird nun auch durch die zugefütterte Beikost gedeckt, was sich auf das Wachstum und die weitere Entwicklung des Kindes auswirkt.

Das Stillen

In den ersten Lebensmonaten ist Muttermilch die optimale Ernährung für den Säugling. Sie enthält alles, was er zu seiner gesunden Entwicklung benötigt, und ist in ihrer Zusammensetzung den sich entwicklungsbedingt ändernden Bedürfnissen des Babys angepaßt. Brustkinder nehmen in der Regel die feste Beikost meist leichter und unproblematischer an als Flaschenkinder – möglicherweise deshalb, weil ihnen die vermeintlich neuen Geschmacksrichtungen und Aromen durch die Muttermilch bereits etwas vertrauter sind.

DIE VORTEILE DES STILLENS

Muttermilch enthält alle Stoffe, die ein Säugling in den ersten Lebensmonaten braucht. Aber auch wenn Sie Ihr Baby nur über einen kürzeren Zeitraum stillen, so wirkt sich das auf seine weitere Entwicklung sehr positiv aus:

- Die in der Muttermilch enthaltenen Nährstoffe sind leicht verdaulich. Brustkinder sind daher besser vor Magen-Darm-Problemen geschützt.
- Durch das Stillen wird die Immunabwehr gestärkt, und die Kinder sind in den ersten Lebensmonaten vor Kinderkrankheiten besser geschützt.
- Brustkinder leiden seltener unter Allergien als Flaschenkinder.
- Brustkinder sterben im Vergleich weniger häufig am Plötzlichen Kindstod.
- Ein Brustkind kann man nicht überfüttern.

DER STILLRHYTHMUS

Im Vergleich zur Flaschenfütterung bedeutet Stillen nach Bedarf zu Anfang meist häufigeres Stillen in unregelmäßigen Abständen. Ab einem Alter von 4 Monaten entwickelt sich dann meistens ein bestimmter Stillrhythmus. In der Regel ergeben sich fünf Mahlzeiten am Tag im Abstand von etwa vier Stunden, oft verlangen Babys jedoch noch häufiger die Brust. Viele Brustkinder beginnen mit ungefähr 3 Monaten durchzuschlafen, doch nicht zu wenige müssen noch längere Zeit auch nachts noch gefüttert werden.

I

GEWICHTSZUNAHME BEI STILLKINDERN

Im Vergleich zu Flaschenkindern nehmen Stillkinder häufig unregelmäßiger zu. Da sich nicht genau bemessen läßt, wieviel ein Baby aus der Brust trinkt – in die Flasche dagegen füllt man eine genau abgemessene Menge –, machen sich stillende Mütter häufig Sorgen, ob ihr Baby genug Nahrung erhält. Wenn Sie folgende Punkte beachten bzw. feststellen, können Sie mit großer Wahrscheinlichkeit davon ausgehen, daß Ihr Kind genau so viel bekommt, wie es benötigt:

- Füttern Sie nach Bedarf und so lange wie nötig. Wenn Ihr Baby satt ist, hört es von selbst zu trinken auf; das kann nach fünf Minuten sein oder nach einer halben Stunde.
- Ihr Kind hat sechs nasse Windeln innerhalb von 24 Stunden.
- Es ist aufgeweckt und glücklich.
- Es wirkt zufrieden. Auch wenn das Baby nachts noch nicht durchschläft, sollte es nicht scheinbar unbegründet schreien.
- Es nimmt zwar unregelmäßig, aber stetig zu. Bisweilen kann hier z.B. über einige Wochen ein Stillstand eintreten, d.h. das Baby nimmt sehr wenig oder gar nicht zu.

BEDARF AN FESTER KOST

Bis zum Alter von 4 bis 6 Monaten benötigt ein Baby nur Mutter- oder Fertigmilch; ab etwa 6 Monaten sollte dann zur Deckung des erhöhten Energie-, Eiweiß- und Vitaminbedarfs (Vitamin A und D) feste Nahrung zugefüttert werden. Da auch bei Brustkindern ab dem 6. Monat der erhöhte Eisenbedarf des Kindes nicht mehr ausreichend abgedeckt werden kann, sollte dann auf jeden Fall mit dem Zufüttern begonnen werden. Ferner sollte das Kind ergänzend Zink- und Kupferpräparate erhalten.

AB WANN KANN MAN ZUFÜTTERN?

Mit dem gesteigerten Bedarf an anderen Nährstoffen wächst auch das Interesse des Babys an seiner Umwelt und damit an fester Kost; der Prozeß des natürlichen Abstillens setzt langsam ein. Das Baby hört nach wenigen Minuten wieder mit dem Trinken auf oder setzt sich nach dem ersten Saugen auf und beobachtet seine Umgebung. Stillen Sie bei Tisch, wird es sich für die aufgetragenen Speisen interessieren und genau beobachten, wenn Sie die Gabel zum Mund führen, oder wird sogar versuchen, sich etwas vom Teller zu greifen.

Während der Wachstumsschübe haben alle Babys einen erhöhten Nährstoffbedarf. Die Milchproduktion der Mutter kann sich dabei auf den gesteigerten Appetit des Kindes einstellen und wird durch ein natürliches System von Angebot und Nachfrage reguliert.

Mit dem Zufüttern fester Kost kann jederzeit ab dem 4. Monat begonnen werden. Zu diesem Zeitpunkt entwickelt sich der Säugling sehr stark, wächst und verlangt mit gesteigertem Appetit häufiger die Brust.

Die Flaschennahrung

Die meisten Fertigmilchprodukte sind auf der Basis von Kuhmilch hergestellt und der Muttermilch so ähnlich wie möglich. Auch wenn Sie Ihr Baby nicht stillen, können Sie sicher sein, daß die Fertigpräparate den Nährstoffbedarf des Säuglings decken. Allerdings sollten Sie auch bei Flaschenkindern mit dem Füttern fester Kost bis zum Alter von 4 bis 6 Monaten warten, auch wenn das Kind öfter hungrig oder besonders schnell zu wachsen scheint. Vorher ist der Magen-Darm-Trakt eines Babys nicht in der Lage, feste Nahrung richtig zu verarbeiten.

Wenn Ihr Kind einen für sein Alter besonders großen Hunger hat, können Sie spezielle Fertigmilchprodukte füttern, die z.B. mehr Eiweiß enthalten. Achten Sie aber bei der Zubereitung darauf, die exakte Menge des Fertigpräparats in die Flasche zu geben. Fügen Sie weder mehr Pulver hinzu als angegeben noch Zwiebackbrösel oder Reisflocken.

FÜTTERRHYTHMUS

Flaschenkinder neigen von Anfang an zu einem regelmäßigeren Trinkrhythmus als Brustkinder, denn die Fertigpräparate sind etwas eiweißhaltiger als Muttermilch. Daher bleiben die Säuglinge länger zwischen den Mahlzeiten satt – unter anderem auch deshalb, weil das in der Fertigmilch enthaltene Protein ebenfalls längere Zeit im Verdauungstrakt des Babys verbleibt.

Wie bei Erwachsenen auch, so variiert der Appetit des Säuglings von Tag zu Tag und von Mahlzeit zu Mahlzeit. In der Regel nehmen etwa 4 Monate alte Säuglinge ungefähr 200 ml Nahrung pro Tag zu sich, die normalerweise in einem Rhythmus von vier Stunden gefüttert wird. Flaschenkinder schlafen häufiger die Nacht durch.

FRÜHER FESTE KOST FÜTTERN

Grundsätzlich empfehlen Ärzte und Fachleute, mit dem Zufüttern fester Kost erst nach dem 4. Monat zu beginnen, außer es liegen medizinische Gründe vor, z.B. wenn

- Ihr 3 Monate altes Baby sehr groß ist, starken Appetit zeigt und alle zwei Stunden gefüttert werden möchte,
- Ihr Baby zu früh geboren wurde. Da gerade Frühgeburten häufig großen Appetit aufweisen, kann sich das Zufüttern fester Kost zu einem früheren Zeitpunkt hier als vorteilhaft erweisen.

BEDARF AN FESTER KOST

Im Alter von 4 bis 6 Monaten wird der ab Geburt vorhandene Eisenvorrat des Babys langsam abgebaut. Jetzt sollte man mit dem Zufüttern fester Kost beginnen, um einen Eisenmangel zu verhindern. Zudem enthält Kuhmilch nur wenig Eisen, und das Eisen in Fertigmilchprodukten ist schwerer verdaulich.

Je schneller Ihr Baby wächst, desto größer wird sein Bedarf an Milch, aus der es die zu seiner weiteren Entwicklung und zum Wachstum notwendige Energie schöpft. Denken Sie jedoch daran, daß der Magen eines Säuglings keine großen Milchmengen fassen kann. Deshalb ist irgendwann der Punkt erreicht, an dem feste Nahrung zugefüttert werden muß, da die mit der Milch aufgenommene Kalorienmenge einfach nicht mehr ausreicht.

ZUFÜTTERN UND UMSTELLEN

Mit dem Zufüttern fester Kost sollte etwa im Alter von 4 Monaten begonnen werden, wenn dem Baby die Flaschenmilch nicht mehr reicht. Es beginnt dann am Sauger zu kauen anstatt zu trinken. Der richtige Zeitpunkt ist definitiv gekommen, wenn Ihr Kind immer wieder eine Extraportion fordert, obwohl es zuvor noch mit fünf Mahlzeiten glücklich war, immer noch hungrig ist, nachdem es gerade eine volle Flasche geleert hat, oder nachts aufwacht und gefüttert werden muß, obwohl es bereits schon länger durchgeschlafen hatte.

Der richtige Zeitpunkt

Der richtige Zeitpunkt zum Zufüttern fester Kost variiert von Baby zu Baby. Richten Sie sich nach den Bedürfnissen Ihres Kindes und nicht nach festen Vorgaben. Früher wurden die Mütter oft dazu angehalten, bereits im Alter von etwa 6 Wochen die ersten Flocken und mit 3 Monaten die erste feste Beikost zu füttern. Doch frühes Zufüttern gilt mittlerweile als unnötig und sogar potentiell gefährlich.

AB WANN ZUFÜTTERN?

Generell gilt, daß vor dem 4. Monat keine feste Kost gegeben werden sollte. Mit 6 Monaten können Sie Ihrem Kind bereits eine Mischkost füttern, wobei die feste Beikost noch nicht den Großteil der Nahrung ausmachen sollte. Im Alter zwischen 6 und 9 Monaten dient vielmehr immer noch die Milch als wichtigste Nahrungsquelle. Lassen Sie sich also Zeit und richten Sie sich nach den individuellen Bedürfnissen Ihres Kindes.

BEREIT FÜR FESTE KOST

Feste Kost kommt in Frage, wenn Ihr Baby

- mindestens 4 Monate alt ist und sein Geburtsgewicht verdoppelt hat;
- sich offensichtlich nicht mehr nur mit Milch zufriedengibt;
- immer öfter gefüttert werden möchte;
- nachts aufwacht, nachdem es bereits durchgeschlafen hatte;
- sich alles in den Mund steckt und daran kaut, etwa auch die Rassel;
- sehr flüssigen Brei im Mund behalten kann.

DIE GUNST DES AUGENBLICKS

Alle Babys haben besonders „empfängliche Phasen“, in denen es ihnen leichtfällt, Neues zu lernen – z.B. vom Löffel zu essen. Verpaßt man diesen Moment, tun sich die Kleinen später schwerer, sich diese Fertigkeiten anzueignen.

Im Alter von 4 Monaten kommt vieles zusammen, was für die Zufütterung fester Kost spricht. Das Kind wiegt jetzt etwa doppelt so viel wie bei seiner Geburt und hat dementsprechend einen erhöhten Energie- und Nährstoffbedarf. Die Milch allein genügt jetzt nicht mehr als Hauptnahrungsquelle. Zudem sind Verdauungstrakt und Nieren des Säuglings inzwischen so weit entwickelt, daß nun auch festere Kost verarbeitet werden kann. Außerdem schlafen manche Babys bereits durch und müssen nachts nicht mehr gefüttert werden. Mit 4 Monaten kann ein Kind mit leichter Unterstützung meist gut im Stuhl sitzen, da Nerven- und Muskelsystem sowie Motorik ausreichend entwickelt sind. Auch der angeborene Reflex, feste Nahrung wieder aus dem Mund zu befördern (von der Natur eingerichtet, um Ersticken zu vermeiden), verschwindet in dieser Zeit langsam. Außerdem kann Ihr Baby jetzt seinen Kopf aufrecht halten, so daß feste Nahrung in den hinteren Mundraum gelangen und hinuntergeschluckt werden kann.

I

DER GOLDENE MITTELWEG

Zu frühes oder auch zu spätes Entwöhnen kann zu Verhaltensstörungen und gesundheitlichen Problemen führen oder generell Streß in der Familie verursachen.

Zu frühe Entwöhnung

- kann bei Babys die Anfälligkeit für Allergien verstärken;
- kann dazu führen, daß Babys feste Kost ablehnen;
- kann das Verdauungssystem und die Nieren über die Maßen strapazieren;
- kann durch das Fehlen der Milch zu Nährstoffmangel führen.

Zu späte Entwöhnung

- kann das Erlernen bestimmter Fähigkeiten wie Kauen und Schlucken erschweren;
- macht es schwierig für Babys, feste Kost richtig zu genießen;
- bewirkt eine Unterversorgung mit lebenswichtigen Nährstoffen, vor allem Eisen.

GEFAHREN DER ZU FRÜHEN BEIKOST

Bei Säuglingen unter 4 Monaten kann der Verdauungstrakt noch keine feste Kost verarbeiten, weil ihm die dazu notwendigen Enzyme fehlen. Füttert man trotzdem so früh feste Kost, ist das Kind eher gefährdet, Allergien zu entwickeln.

- Bei Babys, die bereits vor der 13. Lebenswoche feste Nahrung erhalten haben, ist hartnäckiger Husten häufiger anzutreffen.

- Bei Babys, die zu früh feste Kost erhielten, tritt hartnäckiger Durchfall in verstärktem Maße auf. Dieser resultiert aus der Unverträglichkeit von Gluten, einem in bestimmten Getreidesorten enthaltenen Eiweißstoff.

- Durch zu frühes Füttern werden die Nieren des Babys über die Maßen beansprucht, was wiederum das erhöhte Risiko einer Dehydrierung birgt.

Die Grundausstattung

Um Beikost zuzufüttern, benötigen Sie anfangs nur einen sauberen flachen Löffel aus Kunststoff, eine bruchsichere Schale und ein Lätzchen. Später kann dann eine Trinklerntasse mit Schnabelaufsatz von Vorteil sein, wobei eine normale Tasse zu Beginn völlig ausreicht. Am Anfang der Abstillphase ist ein Hochstuhl nicht unbedingt notwendig; nimmt Ihr Baby allerdings zunehmend feste Kost zu sich, erlaubt der Hochstuhl dem Baby, gemeinsam mit der Familie bei den Mahlzeiten am Tisch zu sitzen.

DIE AUSSTATTUNG

- Ein kleiner Löffel mit flachem Mundstück für das erste Füttern.
- Ein größerer, kindgerechter Teelöffel oder eine entsprechende Gabel aus Kunststoff (um das empfindliche Zahnfleisch zu schonen).
- Anatomisch richtig geformtes Kinderbesteck.
- Eine kleine flache Schüssel aus Kunststoff.
- Eine Schüssel oder ein Teller mit rutschfestem Stand, gerade wenn Ihr Kind anfängt, alles hinunterzuwerfen; zudem können diese nicht auf dem Tischchen des Hochstuhls hin- und herrutschen.
- Ein Warmhalteteller, dessen Boden mit heißem Wasser gefüllt werden kann.
- Eine Trinklerntasse – durch den Schnabelaufsatz kann nichts verschüttet werden, und das Baby kann leichter trinken, insbesondere wenn es bisher nur an das Saugen gewöhnt war. Am besten eignet sich eine Tasse mit zwei Griffen.
- Eine Stehauf-Lerntasse, die nicht so leicht umfällt.
- Lätzchen. Am Anfang am besten ein Lätzchen aus abwaschbarem Kunststoff; dann ein Ärmel-Lätzchen, um das Bekleckern so gering wie möglich zu halten; für ältere Babys empfiehlt sich ein Lätzchen mit Futter aus Kunststoff und integrierter Auffang- oder Krümeltasche.
- Eine Plastikmatte für Ihren Teppichboden; bei anderen Bodenbelägen weniger wichtig.

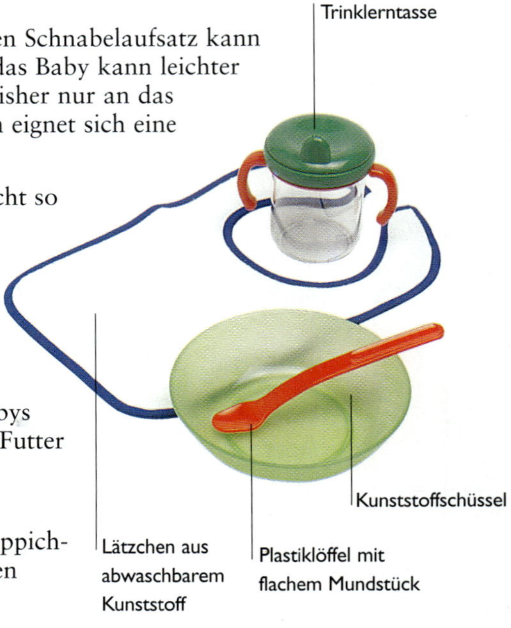

DIE BABYAUSSTATTUNG IN DER KÜCHE

- Ein Pürierstab zur Herstellung von dünnflüssigem, musähnlichem Brei. Besonders für die Zubereitung größerer Mengen geeignet, die portionsweise eingefroren werden.
- Eine Küchenmaschine mit verschiedenen Schneidemessern zum Raspeln oder Mahlen verschiedener Nahrungsmittel, auch für kleinere Mengen.
- Ein Siebeinsatz zum Abgießen und Passieren kleiner Mengen oder zum Auffangen von Obst- und Gemüsekernen und -häuten.
- Eine Reibe.
- Ein kleiner Topf, der ausschließlich für die Zubereitung der Babynahrung verwendet wird, sei es zum Erhitzen der Fertignahrung oder zum Auftauen eingefrorener Mahlzeiten.
- Ein Dämpfeinsatz für den Topf oder ein Dampfkochtopf, in dem mehrere Gerichte gleichzeitig zubereitet werden können.

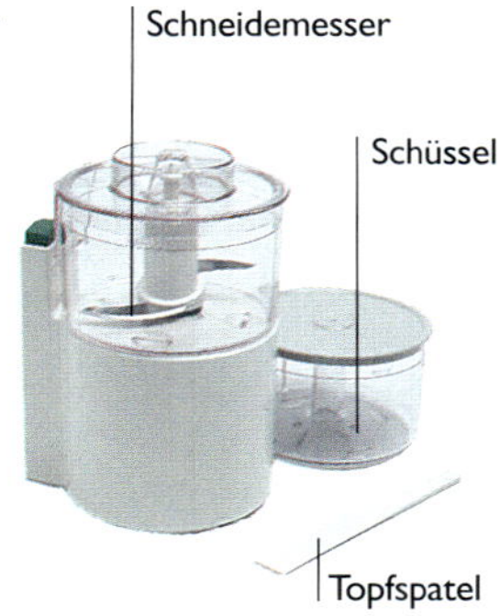

DER HOCHSTUHL

Anfangs nehmen Sie den Säugling zum Füttern noch auf den Arm, oder er liegt in der Wippe. Mit etwa 6 Monaten kann er dann im Hochstuhl sitzen, der in verschiedensten Ausführungen erhältlich ist. Sollten Sie wenig Platz haben, so empfiehlt sich ein zusammenklappbarer Stuhl, der allerdings stabil stehen muß. Achten Sie immer darauf, daß die Halterungen richtig eingerastet sind, damit er nicht plötzlich zusammenklappt oder sich das Kind die Finger einzwickt. Ein Mehrzweck-Hochstuhl, der sich zu einer Tisch/Stuhl-Kombination umfunktionieren läßt, kann auf lange Sicht nützlich sein. Es gibt auch Modelle, die zu Gehhilfen oder einer Art Schaukelstuhl umgebaut werden können. Für welches Modell Sie sich auch entscheiden, achten Sie beim Kauf auf Haken für Sicherheitsschlaufen.

Sicher sterilisieren

Wenn Sie Ihr Baby zum ersten Mal mit fester Nahrung füttern, sollten Sie alle Utensilien so keimfrei wie möglich halten. Dabei können Sie genauso wie beim Sterilisieren der Flaschen und Sauger vorgehen. Allerdings ist es unrealistisch, wenn nicht gar unmöglich, jedes einzelne Teil absolut keimfrei zu halten. Ist ihr Kind erst einmal im Krabbelalter und steckt es alles sofort in den Mund, erübrigt sich das Desinfizieren des Kinderbestecks oder anderer Utensilien von selbst.

SICHERHEIT GEHT VOR

Um alle Utensilien möglichst sauber zu halten, sollten Sie das Babygeschirr und alle anderen Utensilien in heißem Spülwasser gut reinigen und mit heißem Wasser nachspülen. Halten Sie die Arbeitsflächen absolut sauber. Waschen Sie sich vor der Zubereitung und vor dem Füttern gründlich die Hände mit Seife, ebenso vor und nach dem Wechseln der Windeln.

Warnung

Da gerade Milch ein sehr fruchtbarer Nährboden für Bakterien ist, sollten Sie zumindest die Flaschen und Sauger noch so lange sterilisieren, bis das Baby ein Jahr alt ist.

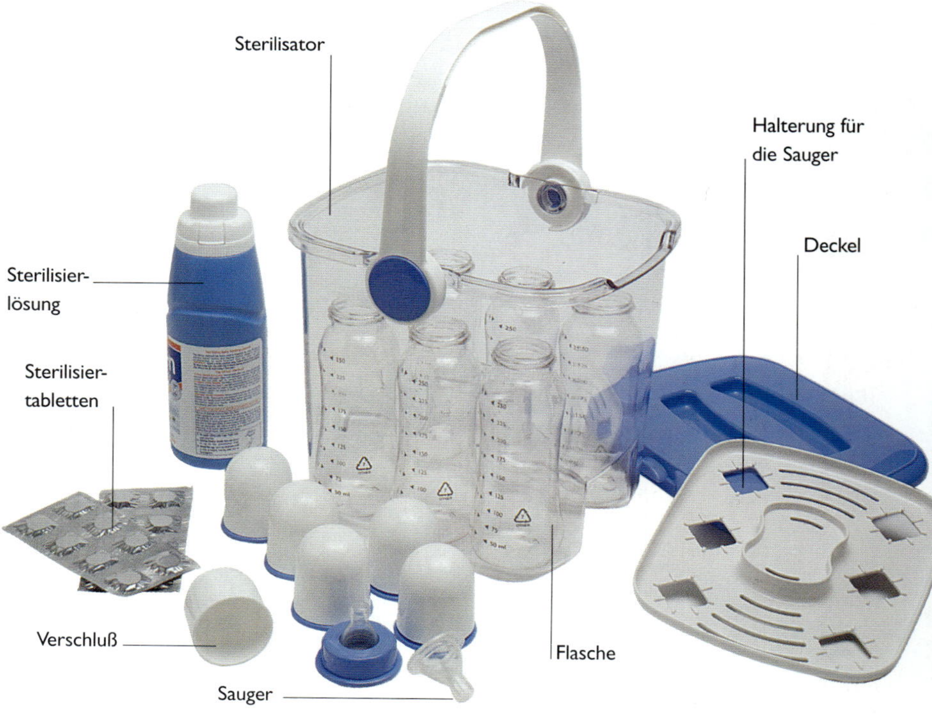

METHODEN ZUM STERILISIEREN		
Sterilisierart	**Vorteile**	**Methode**
Chemisch	Die preisgünstigste Variante, wenn pro Tag viele Flaschen zu sterilisieren sind. Zudem sind stets sterilisierte Flaschen sofort verfügbar.	Füllen Sie den Sterilisierbehälter oder einen Plastikeimer halbvoll mit kaltem Wasser und fügen Sie dann die Lösung oder Tabletten hinzu. Reinigen Sie das Besteck und geben Sie es mit hinein. Achten Sie darauf, daß alle Teile völlig bedeckt sind, und lassen Sie die Lösung einwirken. Spülen Sie sie vor dem Füttern in abgekochtem kaltem Wasser ab.
Mit Wasserdampf (Vaporisator)	Schnell und effektiv; nur bedingt geeignet, wenn Sie wenig Stellfläche haben, denn auch der kleinste Vaporisator benötigt viel Platz.	Wasserdampf wird wesentlich heißer als z.B. kochendes Wasser. Deshalb ist diese Methode besonders effektiv, da die Bakterien leicht abgetötet werden. Reinigen Sie zuerst alle Teile und entfernen Sie Nahrungsreste. Bei einigen Geräten dauert ein Sterilisiervorgang nur etwa zehn Minuten.
Abkochen	Kostet nichts und nimmt keinen Platz in Anspruch.	Geben Sie alle Teile in einen großen Topf, achten Sie darauf, daß sie völlig bedeckt sind, und kochen Sie alles bei geschlossenem Deckel 25 Minuten aus.
In der Mikrowelle (Mikrowellen-Dampfsterilisator)	Schnell und effektiv.	Es gibt spezielle Sterilisatoren für die Mikrowelle, die wie ein Dampfsterilisator funktionieren. Achten Sie darauf, daß das Gerät auch für Ihre Mikrowelle geeignet und nicht zu groß ist.
Spülmaschine	Wenn Sie eine Spülmaschine besitzen, entstehen weder zusätzliche Kosten noch Mühen.	Das Wasser in der Spülmaschine ist in jedem Fall heißer als bei der Handwäsche, doch ist die Temperatur nicht konstant gleich hoch. Erreicht sie aber mindestens 80 °C, eignet sich die Maschine zum Sterilisieren. Lesen Sie dazu bitte die Gebrauchsanweisung. Im Trockengang kann alles bequem trocknen.

Die erste Beikost

Anfangs wird Ihr Baby feste Kost nur in Form von weichem Brei oder Mus akzeptieren. Verwenden Sie zu Beginn geschmacksneutrale Lebensmittel, die sich leicht zu einem dickflüssigen Mus verarbeiten lassen. Geben Sie zu fein püriertem Gemüse- oder Obstbrei und Reisflocken noch ein wenig Mutter- bzw. Fertigmilch oder abgekochtes kaltes Wasser. Diese Mischung schmeckt dem Baby sehr gut, wobei es zu Anfang kaum mehr als nur einen Teelöffel voll ißt. Zu diesem Zeitpunkt steht im Vordergrund, daß sich der Säugling mit Geschmack und Beschaffenheit der neuen Nahrung vertraut machen kann.

BREI ZUBEREITEN

Da Ihr Baby nur sehr kleine Portionen aufnehmen kann, ist es billiger und einfacher, die Breis selbst zuzubereiten. Vor dem Kleinschneiden müssen Obst und Gemüse sorgfältig gewaschen und geschält sowie von Kernen, Steinen, Samen oder unverdaulichen Fasern gründlich befreit werden.

Damit Ihr Baby die zubereiteten Speisen gut verdauen kann, sollten alle Lebensmittel, abgesehen von reifen Bananen, so lange gekocht werden, bis sie sehr weich sind und zu Brei verarbeitet werden können. Kochen, dünsten, dämpfen, backen oder bereiten Sie die Zutaten in der Mikrowelle zu, nehmen Sie jedoch Abstand vom Fritieren oder Braten, da hierfür Fett benötigt wird. Salz und Zucker sollten in der Babynahrung generell vermieden werden.

- **Kochen:** Geben Sie vorbereitetes Obst oder Gemüse in einen Topf mit so viel kochendem Wasser, daß die Zutaten gerade bedeckt sind. Garen Sie nun alles, bis es weich genug ist, und gießen es dann ab. Das Kochwasser können Sie für den Brei verwenden.

- **Dämpfen:** Geben Sie vorbereitetes Obst oder Gemüse in den Dampfkochtopf. Dämpfen Sie die Zutaten nun, bis sie weich sind (in der Regel etwa 10 Min.), und heben Sie sie dann mit der Schaumkelle aus dem Topf. Verwenden Sie auch hier die Flüssigkeit für den Brei.
- **In der Mikrowelle:** Geben Sie vorbereitetes Obst oder Gemüse in ein Gefäß, gießen Sie so viel Wasser dazu, daß die Zutaten gerade bedeckt sind. Decken Sie das Gefäß zu, erhitzen Sie alles 3 Min. auf hoher Stufe. Nehmen Sie das Gefäß kurz heraus und rühren Sie das Ganze um, danach erhitzen Sie es erneut für 2 Min., bis es gar ist. Die Garzeiten variieren nach Obst- oder Gemüsesorte.

DIE ERSTE BEIKOST ZUSAMMENSTELLEN

Zum Ausprobieren geeignet

- Reisflocken, glutenfreie Getreideflocken
- Püree aus Karotten, Kartoffeln, Süßkartoffeln oder Blumenkohl
- Avocadomus
- Pürierte Banane, gedünsteter Apfel, weiche reife Birne oder Papaya
- Brei aus ungesüßten Pfirsichen oder Aprikosen im eigenen Saft aus der Dose

Unbedingt vermeiden

- Gezuckerte oder gesalzene Produkte einschließlich Eingelegtem und Geräuchertem wie Schinken, Salami oder Hefeextrakt
- Kaffee, Tee, Schokolade oder Alkohol
- Schalentiere und ganze Nüsse
- Im 1. Lebenshalbjahr Eier-, Nußprodukte
- Im 1. Lebenshalbjahr Nahrungsmittel, die Hefe, Gerste, Roggen oder Hafer enthalten
- Milchprodukte und Milch, bevor das Baby bereits an feste Kost gewöhnt ist (siehe Seite 28–29)

2 Nachdem die Nahrungsmittel weichgekocht sind, können sie mit einem Pürierstab oder durch Passieren zu Brei verarbeitet werden. Durch wenig Mutter- oder Fertigmilch, ungesüßten Obstsaft oder, bei Gemüse, restlicher Garflüssigkeit wird der Brei dünnflüssiger.

3 Kosten Sie vor dem Füttern: Der Brei sollte die Konsistenz dickflüssiger Sahne haben. Achten Sie darauf, daß keine gefährlichen Klumpen vorhanden sind. Je schneller Ihr Kind sich an die feste Nahrung gewöhnt, desto mehr können Sie Geschmack und Konsistenz variieren.

NAHRUNG ANBIETEN UND AUFBEWAHREN

Der Brei sollte zum Füttern Zimmertemperatur haben, also nur leicht angewärmt bzw. abgekühlt sein. Gemüse- oder Obstbrei hält sich im Kühlschrank zugedeckt bis zu 24 Stunden, kann aber auch portionsweise eingefroren werden. Heben Sie keinesfalls mit Ihrem Speichel vermischte Speisen für Ihr Baby auf (Infektionsgefahr!). Um es gar nicht erst dazu kommen zu lassen, sollten Sie nie denselben Löffel zum Kosten und anschließenden Füttern verwenden.

Die erste Beikost

Einige Babys nehmen die Breimahlzeit problemlos an, doch die meisten sträuben sich zuerst dagegen und müssen immer wieder von neuem zum Essen ermuntert werden. Denken Sie immer daran, daß Ihr Baby bislang nur Milch getrunken hat und nun vor einer gänzlich neuen Erfahrung steht. Auch bei der Umstellung auf das Füttern bedarf es einer gewissen Zeit. Damit die Umstellungsphase reibungslos verläuft, sollten Sie eine gehörige Portion Geduld aufbringen und Ihr Kind nicht drängen.

DER RICHTIGE ZEITPUNKT

Wenn Sie zum ersten Mal feste Nahrung füttern, suchen Sie sich dazu eine ruhige Tageszeit aus, so daß Sie und Ihr Kind entspannt sind. Am besten eignet sich hierfür meist die Mittagszeit, denn morgens herrscht oft Hektik, und am Abend ist der Säugling häufig zu müde und für Überraschungen wohl auch wenig empfänglich. Wenn Ihr Baby unruhig oder gar krank ist, sollten Sie Ihr Vorhaben so lange verschieben, bis alles wieder im Lot ist.

FÜTTERN: POSITIV UND NEGATIV

Positiv ist:

- Einen ruhigen entspannten Zeitpunkt zu wählen, damit Ihr Baby auch Ihre gesamte Aufmerksamkeit erhält!
- Zu kosten, ob das Essen nicht zu heiß ist! Dies ist besonders wichtig bei in der Mikrowelle erwärmter Nahrung, die teilweise sehr heiß werden kann. Richten Sie sich genau nach der Gebrauchsanweisung, rühren Sie das Essen vor dem Füttern um, lassen Sie es ein wenig abkühlen.
- Den Säugling das Tempo bestimmen zu lassen! Manche Babys haben großen Hunger und lernen schnell, andere dagegen brauchen mehr Zeit.
- Entspannt dem Kind die nötige Zeit einzuräumen! Versuchen Sie es eventuell einfach eine Woche später erneut.
- Sich auf Kleckereien einzustellen! Benutzen Sie ein Lätzchen, damit die Babykleidung nicht zu sehr verschmutzt.

Negativ ist:

- Sich entmutigen zu lassen, wenn das Baby die feste Nahrung nicht sofort annimmt! Das Füttern mit dem Löffel ist eine große Umstellung, die Zeit braucht.
- Den Löffel weit in den Mund zu schieben!
- Zu großes Drängen! Weint Ihr Kind oder dreht es sich weg, drückt es dadurch sein Desinteresse aus – aber eben nur für diesen Moment.
- Von Ihrem Kind zu erwarten, daß es immer die gleiche Menge ißt! An einem Tag leert der Säugling seinen Teller, und am nächsten nimmt er nur einen Teelöffel voll.
- Kinder während des Fütterns allein zu lassen. Sie könnten sich verschlucken und daran ersticken.

WIE FÜTTERT MAN RICHTIG?

1 Bereiten Sie die Mahlzeit zu (siehe Seite 20–21). Geben Sie dem Baby erst Brust oder Flasche, setzen Sie es dann aufrecht auf Ihren Schenkel, wobei Sie es mit dem Arm abstützen. Der Kopf des Kindes sollte aufgerichtet sein, um das Schlucken zu erleichtern.

2 Geben Sie ein wenig Brei auf einen kleinen Plastiklöffel mit flachem Mundstück. Führen Sie den Löffel vorsichtig an Babys Lippen. Manche Babys öffnen nun ganz von selbst den Mund, andere dagegen nicht. In diesem Fall sollten Sie zuerst Ihren eigenen Mund öffnen – Ihr Kind wird es Ihnen nachmachen.

3 Führen Sie die Löffelspitze in den Mund und ziehen Sie den Löffel vorsichtig nach oben heraus, so daß der Brei im Mund bleibt. Den Löffel nie zu weit in den Mund schieben, Ihr Kind könnte erschrecken und sich verschlucken. Die meisten Babys wissen anfangs nicht so recht, wohin mit dem Brei, und spucken häufig einen Teil aus. Beginnen Sie einfach von vorn.

4 Ist der erste Löffel erfolgreich bewältigt, bieten Sie die nächsten an, bevor Sie abschließend wieder die Brust oder Flasche geben. Reagiert Ihr Baby abwehrend oder zögerlich, zwingen Sie es auf keinen Fall. Gehen Sie dann am besten sofort zum Stillen oder zur Flaschenfütterung über und versuchen Sie es am nächsten Tag erneut. Eile ist hier nicht angebracht, zumal diese ersten Versuche den Säugling nur auf den Geschmack bringen sollen.

MACHEN SIE ES SICH LEICHTER

Ist Ihr Baby sehr hungrig, sollten Sie vor dem Füttern der festen Kost zuerst die Brust oder die Flasche geben, denn ein hungriger Säugling wird sich nicht so leicht auf neue, fremde Nahrung einlassen. So lassen sich Enttäuschung und Frustration auf beiden Seiten vermeiden.

WIE VIELE MAHLZEITEN AM TAG?

Anfangs sollte höchstens eine der Brust- oder Flaschenmahlzeiten durch Obst- oder Gemüsebrei ersetzt werden. Hat sich Ihr Baby erst einmal daran gewöhnt, bieten Sie dem Baby eine zweite Breimahlzeit an, am besten nachmittags oder zum Frühstück. Nach etwa einer weiteren Woche kann dann eine dritte Mahlzeit eingeführt werden, so daß sich Ihr Kind nicht nur daran gewöhnt, dreimal am Tag Brei zu essen, sondern sich langsam auch den üblichen Essenszeiten der Familie anpaßt.

Was Ihr Baby gerne trinkt

Während der ersten 4 bis 6 Lebensmonate erhält das Kind durch die Milch ausreichend Flüssigkeit. Auch während der Anfangsphase des Abstillens bleibt sie die Hauptnahrungsquelle des Säuglings, liefert Kalorien und Nährstoffe. Im Alter zwischen 4 und 6 Monaten benötigt das Baby etwa 600 ml Milch pro Tag. Sobald dann feste Kost zugefüttert wird, kann die Milch entsprechend reduziert werden; die Brust- bzw. Flaschennahrung wird also nach und nach einfach ersetzt. Je mehr feste Nahrung Ihr Baby im Verlauf der Umstellung zu sich nimmt, desto häufiger sollten kleine Mengen Flüssigkeit gegeben werden, insbesondere an heißen Tagen.

WASSER IST AM BESTEN

Neben der Mutter- oder Fertigmilch, die ein Säugling bis zum Alter von 6 Monaten am besten ausschließlich erhalten sollte, eignet sich als Getränk am besten pures Leitungswasser. Verwenden Sie grundsätzlich abgekochtes Wasser (auch aus Flaschen) nicht nur zum Trinken, sondern auch, um Fertigmilch herzustellen.

GETRÄNKE FÜRS BABY

Als Alternative zu Wasser gibt es Babygetränke. Bedenken Sie aber, daß auch für Babys empfohlene Kräuter- oder Früchtetees oft viel Zucker enthalten und somit eine wesentliche Ursache für Karies darstellen. Die Aufschrift „Ohne Zuckerzusatz“ bedeutet nicht unbedingt, daß der Tee keinen Zucker enthält, denn natürlicher Zucker kann jederzeit enthalten sein. Informieren Sie sich deshalb immer genau über die Inhaltsstoffe. Künstliche Süßstoffe wie Saccharin oder Aspartam werden zwar bei der Herstellung von Kindernahrung für Kinder unter 3 Jahren nicht verwendet, sind aber häufig Bestandteil von Diätgetränken für ältere Kinder oder Erwachsene und in vielen Fruchtsaftgetränken enthalten. Geben Sie diese daher Ihrem Baby niemals zu trinken. Für Kleinkinder geeignete Säfte sollten ausschließlich natürlichen Fruchtzucker enthalten, wobei Sie Ihrem Baby durchaus auch die entsprechenden „Erwachsenen“-Säfte in verdünnter Form geben können. Am allerbesten ist es, die Säfte selbst frisch auszupressen (siehe Seite 42–43).

Mineralwasser

Bestimmte Sorten (natürliches Mineralwasser) enthalten für das Baby zu hohe Konzentrationen von Mineralsalzen. Unbedingt vermeiden sollten Sie Sorten mit einem sehr hohen Nitrat-, Sulfat- und Fluoridgehalt. Achten Sie deshalb genau auf die angegebenen Inhaltsstoffe. Viele Hersteller haben zusätzliches Informationsmaterial.
Säuglinge sollten kein Mineralwasser mit Kohlensäure erhalten.

SO_4	Sulfat
NO_3	Nitrat
F	Fluor
Mg	Magnesium
Na	Natrium
K	Kalium
HCO_3	Hydrogencarbonat
Cl	Chlor
Ca	Calcium

GEEIGNETE TRINKGEFÄSSE

Im Alter von etwa 5 Monaten lernt Ihr Kind in kleinen Schlucken zu trinken. Nun können Sie erstmals das Trinken aus der Tasse versuchen.

- Verwenden Sie aus Sicherheitsgründen nur Gefäße aus bruchsicherem Kunststoff.
- Eine sogenannte Lerntasse mit Schnabelaufsatz oder einer Trinkschnute erleichtert Ihrem Kind den Übergang vom Fläschchensauger zur Tasse.
- Weiterhin geeignet sind sog. Trink- oder Füttersets; dazu gehören eine größere Flasche mit weitem Flaschenhals, Sauger sowie Verschlußdeckel und -kappe, abnehmbare Griffe und ein weicher Schnabelaufsatz.

TRINKEN LERNEN

1 Geben Sie ein wenig Wasser in eine Tasse. Nehmen Sie das Baby auf Ihren Schoß oder setzen Sie es in den Hochstuhl.

2 Halten Sie die Tasse an den Mund des Kindes, so daß sie die Lippen leicht berührt und einige Tropfen herausfließen können. Geben Sie Ihrem Kind genug Zeit zum Schlucken.

3 Wenn sich Ihr Kind abwendet, die Tasse wegdrückt oder zu weinen beginnt, sollten Sie abbrechen, einige Tage warten und es dann erneut versuchen. Anfangs spucken viele Babys den größten Teil der Flüssigkeit wieder aus, manchen Kindern geht es wiederum nicht schnell genug.

Die Fertignahrung

Viele Eltern bereiten leidenschaftlich gern den Brei für Ihr Baby selbst zu und schlagen damit zwei Fliegen mit einer Klappe: Denn Selbstgekochtes ist nicht nur preiswerter als Fertigprodukte, sondern man weiß auch genau, was in der Nahrung enthalten ist. Die meisten Eltern sind aber vielbeschäftigte Menschen, die irgendwann auf Babyfertigkost zurückgreifen müssen. Die Auswahl ist vielfältig und reicht von Dosen, Päckchen und Gläschen bis hin zu frischen Produkten.

VORTEILE DER FERTIGNAHRUNG

Die handelsüblichen Produkte sind nach neuesten medizinischen und ernährungswissenschaftlichen Erkenntnissen und den erforderlichen Hygienevorschriften entwickelt und hergestellt. Sie sind in unterschiedlichen Größen erhältlich, lassen sich schnell sowie leicht zubereiten und bieten die optimale Zusammensetzung. Die kleinen Gläschen sind auf Reisen von Vorteil oder wenn Sie einmal etwas für die Familie kochen, das Ihr Baby nicht mitessen kann.

NACHTEILE DER FERTIGNAHRUNG

Ernährt man sein Kind nur mit Fertigprodukten, kann es unterschiedliche Geschmacksrichtungen, Aromen und Konsistenzen nicht kennenlernen. Da Gläschenkost eher musförmig ist, gewöhnen sich die Babys nur schwer an dickflüssigere, klumpigere Nahrung und lernen nicht, auch damit umzugehen. Ebenso wichtig ist, daß sie zwischen den oft nur minimalen geschmacklichen Nuancen und Zusammensetzungen der Nahrung zu unterscheiden lernen.

AUF DIE INHALTSSTOFFE ACHTEN

In der Vergangenheit enthielten viele Fertigprodukte unnötige Zusatzstoffe wie modifizierte Stärke, Zucker oder Geschmacksverstärker. Diese sollten die während des Herstellungsprozesses verloren gegangenen Nährstoffe ersetzen sowie die Produkte appetitlicher erscheinen und kräftiger schmecken lassen. Heute sind bei den großen Herstellern Ernährungsfachleute in die Herstellung der Babykost einbezogen. Zudem finden die Bedenken der Eltern bezüglich Nährwertgehalt und potentieller Gefahren durch unnötige Zusatzstoffe mehr Gehör. Babykost enthält keine künstlichen Zusatzstoffe, und nur den wenigsten sind Salz, Zucker oder Konservierungsmittel zugesetzt. Sie sollten in jedem Fall auf die Inhaltsstoffe achten und keine Produkte kaufen, bei denen „leere Kalorien“ (Zucker) oder Wasser die Zutatenliste anführen.

FERTIGNAHRUNG: TUN UND LASSEN

Tun:

- Die Liste der Inhaltsstoffe genau lesen!
- Bis das Kind 12 Monate alt ist, besonders auf Zutaten achten, die häufig Allergien auslösen, wie Eiklar, Zitrusfrüchte oder Tomaten! Bis Ihr Baby 6 Monate alt ist, auf alle glutenhaltigen Nahrungsmittel (Weizen, Hafer, Roggen und Gerste) verzichten!
- Beim Aufwärmen und Füttern sich genau an die Anleitung halten!
- Das Kind nach Bedarf essen lassen! Schafft es kein ganzes Glas, so geben Sie eine dem Hunger angemessene Menge in eine Schale und bewahren den Rest im Kühlschrank auf.

Lassen:

- Nahrung in angebrochenen Gläsern oder Dosen aufbewahren! Sie sollten die Speisen in einem verschlossenen Gefäß in den Kühlschrank stellen.
- Angebrochene Gläser oder Dosen länger als 48 Stunden aufheben!
- Ihr Baby direkt aus dem Glas füttern, außer, es ißt wirklich alles auf einmal auf. Im Speichel enthaltene Bakterien können mit dem Löffel ins Essen gelangen.
- Die Speisen nicht genügend variieren, auch wenn Ihr Baby einige Breis lieber hat als andere. Die Kinder müssen unterschiedliche Geschmacksrichtungen und Konsistenzen kennenlernen.

MISCHEN UND KOMBINIEREN

Gerne wird industriell hergestellte Babykost mit eigenen Kreationen kombiniert. Daher sollte man nur Produkte kaufen, die aus einer Sorte Obst, Gemüse oder Fleisch hergestellt sind. Reisflocken werden ebenfalls gerne als erste Beikost verwendet, eignen sich aber auch noch später, wenn Ihr Baby bereits viele neue Nahrungsmittel (siehe Seite 28–29) akzeptiert hat. Mischen Sie die Reisflocken einfach unter den Obst- oder Gemüsebrei, etwa aus pürierten Dosenaprikosen oder einer zerdrückten Banane. Falls Sie es etwas würziger haben möchten, so vermischen Sie die Reisflocken mit etwas Möhren- bzw. Erbsenpüree oder übriger Fleischbrühe. Obstbrei aus Gläschen läßt sich ebenfalls vielseitig verwenden. Mischen Sie ihn z.B. unter Joghurt oder Frischkäse. Später können Sie auch Fleisch, Fisch oder Käse in Kombination mit Gemüsebrei oder einer Trockengemüsemischung anbieten.

KOMBINIERTE GERICHTE

Die „Kombigerichte“ (etwa Fleisch oder Fisch mit Kartoffeln oder Reis sowie Gemüse) aus Dosen und Gläschen enthalten im Vergleich zu den selbstgekochten Speisen meist weniger Eiweiß, Eisen und andere Nährstoffe. Deshalb sollte man bei einer gewünschten Fleisch/Gemüse-Kombination die Zutaten separat kaufen und nach eigener Vorstellung zusammenstellen. Frische Babyfertiggerichte aus dem Kühlregal sind noch relativ neu auf dem Markt. Sie sind in Geschmack und Zusammensetzung den „echten“ Produkten sehr ähnlich und lassen sich meist einfach zubereiten.

Die Beikost erweitern

Je mehr Ihr Baby die feste Nahrung akzeptiert und sich daran gewöhnt, auch größere Mengen zu essen, desto besser lassen sich neue Gerichte anbieten. Die Palette sollte sich dabei nach dem jeweiligen Obst oder Gemüse der Saison und dem Geschmack Ihrer Familie richten. Entdecken Sie „Ihre" Nahrungsmittel auf den folgenden Seiten nicht, erkundigen Sie sich bitte beim Kinderarzt nach deren Verträglichkeit. Reduzieren Sie aber die Babykost nicht nur darauf, was Ihre Familie ißt, denn das Geschmacksempfinden des Babys entwickelt sich bereits in dieser frühen Lebensphase. Bieten Sie Ihrem Kind so viele gesunde Lebensmittel wie möglich an und machen Sie sie ihm vor allem schmackhaft.

NEUES ZUM AUSPROBIEREN

Neben Reisflocken kann das Baby jetzt auch andere Getreideflocken, Speisestärke oder Hirse erhalten; Getreidesorten wie Hafer, Gerste oder Roggen sollten erst ab 1/2 Jahr gegeben werden. Auch Milchprodukte können jetzt nach und nach angeboten werden, sofern kein Familienmitglied allergisch gegen Milch oder Milchprodukte ist. Geben Sie jeweils ungesüßten Joghurt, Frischkäse oder angedickten Milchbrei (läßt sich aus Puddingpulver und Vollmilch leicht selbst herstellen). Eine etwas würzigere Sauce auf Milchbasis sollte ebenfalls auf der Speisekarte stehen (nehmen Sie dazu Vollmilch und Stärkemehl oder Schmelzflocken, etwas Petersilie oder milden Käse). Füttern Sie dazu etwas Blumenkohl- oder Kartoffelbrei. Sorgen Sie sich nicht, wenn Ihr Baby die neuen Speisen zuerst ablehnt. Versuchen Sie es ein paar Tage später erneut.

Allergische Reaktionen

Folgende Symptome können auf Nahrungsmittelallergien oder -unverträglichkeiten hinweisen. Bei Verdacht sollten Sie einen Facharzt konsultieren.

- Laufende Nase, Niesen, pfeifender Atem, tränende Augen, anhaltender Husten, häufige Ohrenentzündung.
- Trockene, gerötete Haut und schuppiger Ausschlag im Gesicht oder in der Halsfalte.
- Geschwollene Lippen, Lider, Finger und Füße.
- Schleimiger Durchfall, Verstopfung, starke Blähungen.
- Geringe Gewichtszunahme.

Mehr zu Allergien auf den Seiten 96–99.

SCHMACKHAFTE KOMBINATIONEN

- Pastinaken und Apfel bzw. Erbsen
- Kartoffeln und Brokkoli, Apfel oder Spinat
- Blumenkohl und Karotten
- Karotten und Kartoffeln

- Süßkartoffeln und Pastinaken
- Süßkartoffeln und Apfel
- Blumenkohl und Brokkoli
- Zucchini und Banane

- Spinat und Banane
- Avocado und Papaya
- Banane und Orangensaft
- Aprikose und Birne
- Melone, gedünstet und püriert
- Kiwi und Banane
- Apfel und Himbeere
- Mango, zerdrückt oder püriert

NEUE VARIATIONEN

Hat Ihr Baby sich an den Geschmack der einzelnen Obst- und Gemüsesorten gewöhnt, können Sie diverse Sorten kombinieren. Zwar empfehlen Ärzte und Ernährungswissenschaftler, immer nur ein Nahrungsmittel nach dem anderen in Intervallen von mehreren Tagen anzubieten, um eine mögliche allergische Reaktion sofort erkennen zu können. Dies gilt aber nur, wenn Ihr Kind allergiegefährdet ist bzw. an einer Nahrungsmittelunverträglichkeit leidet. Ihr Kind wird die neuen Lebensmittel vielmehr eher akzeptieren, wenn sie mit anderen, ihm bereits vertrauten kombiniert werden.

KONSISTENZ ÄNDERN

Nach und nach sollten Sie den Brei dickflüssiger und klumpiger zubereiten. Zerdrücken Sie das gekochte Gemüse nur noch mit der Gabel und pürieren oder passieren Sie es nicht mehr. Gerät der Brei trotzdem zu dünn, geben Sie einfach etwas Reisflocken, gekochte Kartoffel oder Banane dazu.

Die Umstellung

Kleine Kinder sind ausgeprägte Individuen. Das eine nimmt die neuen Speisen problemlos an, das andere bevorzugt anfangs nur Reisflocken und Brei aus bestimmten Obstsorten, bis es sich schließlich ganz an feste Nahrung gewöhnt hat. Je länger Sie mit der Einführung fester Kost warten, desto schneller gelingt in der Regel die Umstellung. Je geduldiger Sie dabei sind, desto reibungsloser verläuft das Abstillen.

ERNÄHRUNGSSCHEMA ZUR BEIKOST

Diese Tabelle bietet ein Ernährungsschema für Säuglinge im Alter von 4 bis 6 Monaten und soll Ihnen als informative Anregung für die Abstillphase dienen. Da Babys sehr unterschiedlich sind, sollten Sie sich vom individuellen Appetit Ihres Kindes leiten lassen und sich nicht stur nach Regeln oder Vorbildern im Freundeskreis richten.

	Nach dem Aufwachen	Zum Frühstück	Am Vormittag
Baby mit 4 Monaten	Stillen oder Flasche	Stillen oder Flasche	Stillen oder Flasche
Baby mit 4 1/2 Monaten	Stillen oder Flasche	Stillen oder Flasche; zerdrückte Banane	Stillen oder Flasche
Baby mit 5 Monaten	Stillen oder Flasche	Stillen oder Flasche; Reisflocken	Stillen oder Flasche
Baby mit 5 1/2 Monaten	Stillen oder Flasche	Stillen oder Flasche; Getreideflocken, mit Obstbrei gemischt	——
Baby mit 6 Monaten	Stillen oder Flasche	Stillen oder Flasche; Getreideflocken; Frischkäse	——

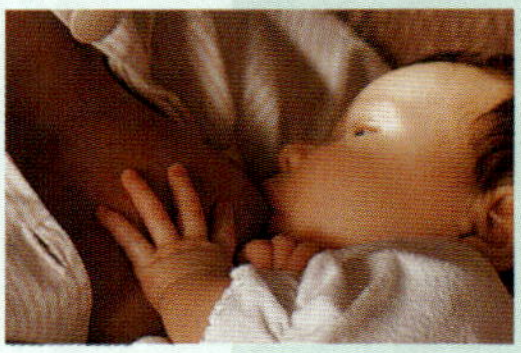

DIE BEDEUTUNG DER MILCH

Milch bleibt in jedem Fall die Hauptnahrungsquelle des jungen und älteren Säuglings. Ein Brustkind sollte nach Bedarf und so lange es will gestillt werden. Geben Sie Flasche und Brust – wenn Sie z.B. arbeiten gehen –, sollten Sie, wenn möglich, zumindest das Stillen am Morgen und vor dem Zubettbringen aufrechterhalten. Ein Flaschenkind benötigt etwa 500 ml Fertigmilch pro Tag.

Zum Mittagessen	Am Nachmittag	Vor dem Schlafen
Stillen oder Flasche; Reisflocken	Stillen oder Flasche	Stillen oder Flasche
Kartoffelbrei; abgekühltes abgekochtes Wasser zum Trinken	Stillen oder Flasche	Stillen oder Flasche
Gemüsebrei aus Möhren und Kartoffel; abgekühltes abgekochtes Wasser zum Trinken	Papayamus; abgekühltes abgekochtes Wasser zum Trinken	Stillen oder Flasche
Gemüsebrei aus Zucchini und Möhre; abgekühltes abgekochtes Wasser zum Trinken	Apfelbrei mit Reisflocken; abgekühltes abgekochtes Wasser zum Trinken	Stillen oder Flasche
Blumenkohlpüree mit Petersiliensauce; abgekühltes abgekochtes Wasser zum Trinken	Zerdrückte Banane mit selbstgemachtem Milchbrei; abgekühltes abgekochtes Wasser zum Trinken	Stillen oder Flasche

Wenn es Probleme gibt

Manche Babys akzeptieren feste Kost recht schnell, andere benötigen eine gewisse Zeit. Drängen Sie nicht – Ihr Kind allein gibt das Tempo an und entscheidet darüber, wann es neue Nahrung gibt, wie, in welcher Menge und in welcher Form.

PROBLEME MIT FESTER KOST

Wenn Ihr Baby permanent feste Kost verweigert, kann dies auf eine Erkrankung oder die ersten Zähne hinweisen. Sie sollten unbedingt den Kinderarzt konsultieren; bei empfindlichem, gerötetem Zahnfleisch kann ein spezielles Gel Linderung verschaffen. Normal ist, daß das Kind dann die Nahrung nicht nur verweigert oder ausspuckt, sondern gar erbricht. Bei spezifischen Problemen mit bestimmten Nahrungsmitteln lesen Sie bitte in Kapitel 6 nach. In der Zwischenzeit nur soviel dazu:

- Haben Sie Geduld, lassen Sie dem Kind Zeit, ermuntern Sie es immer wieder.

- Lehnt Ihr Baby feste Nahrung standhaft ab, brechen Sie das Füttern ab und versuchen es nach einigen Tagen erneut.

- In den ersten 6 bis 9 Lebensmonaten eines Kindes dient die Milch als seine Hauptnahrungsquelle. In dieser Zeit erhalten die Kleinen genügend Nährstoffe. Haben Sie dennoch Zweifel, sprechen Sie mit Ihrem Kinderarzt oder einem Ernährungsexperten.

- Manchmal akzeptieren Babys plötzlich wieder nur Brust oder Flasche, z.B. wenn sich eine Krankheit ankündigt (siehe Seite 108–109). Sobald das Baby wieder gesund ist, stellt sich der normale Hunger auf feste Kost wieder ein.

- Ist Ihr Kind gesund, sollten Sie seine Nahrungspalette kontinuierlich erweitern. Bieten Sie festere Kost nie in der Flasche an. Zwingen Sie Ihr Baby nicht zum Essen.

- Einmal abgelehnte Speisen müssen nicht für immer gestrichen werden, denn die Kleinen haben ein kurzes Gedächtnis.

- Bleiben Sie gelassen. Wenn Sie sich langwierige Zubereitungen der Babynahrung ersparen, sind Sie weit weniger enttäuscht, falls Ihr Kind die Speisen ablehnt. Liegt erst Spannung in der Luft, spürt dies Ihr Kind sofort und reagiert entsprechend.

Mit der Familie essen

Ab etwa 6 Monaten kann dem Kind bereits eine größere Vielfalt an Nahrungsmitteln angeboten werden, so daß es an seinem ersten Geburtstag schon zusammen mit der Familie essen kann. Das Baby erhält nun seine Nährstoffe und Kalorien hauptsächlich aus der festen Kost, die Milch verliert als Nährstofflieferant Bedeutung. Im Alter von etwa einem Jahr essen Kinder am Tag drei Mahlzeiten aus fester Nahrung und trinken dazu Wasser, verdünnten Fruchtsaft oder eben Milch. Ihr Baby wird nun immer mehr selbständig essen und seine Koordinationsfähigkeit verbessern.

2

6 Monate bis ein Jahr

Im Alter zwischen 6 und 12 Monaten entwickelt sich ein Baby sehr schnell, was sich auch auf seine Ernährung und die damit verbundenen Verhaltensmuster auswirkt. Mit 6 Monaten können die Kleinen noch nicht alleine sitzen und müssen während des Fütterns gehalten werden. Ab etwa 8 Monaten haben sie dann die dazu nötige Kraft und den erforderlichen Gleichgewichtssinn entwickelt und können langsam allein im Hochstuhl sitzen. Mit etwa einem halben Jahr kann Ihr Baby einen Löffel zwar schon fassen und halten, seine Koordinationsfähigkeit ist jedoch noch nicht ausreichend entwickelt. Erst mit 7 oder 8 Monaten entdeckt es auch, wie man den Daumen als Gegenstück zu den Fingern benutzt, was nicht nur gezieltes Greifen kleiner Häppchen, sondern auch präziseres Halten und Führen des Löffels erlaubt. Etwa mit einem Jahr ist die Koordination von Hand und Auge bereits so ausgereift, daß Babys in der Lage sind, gezielt eine Erbse zu fassen. Je besser sie Bewegung und Motorik weiterhin zu koordinieren lernen, desto schneller gelingt das Trinken aus einer Tasse.

EISEN

Bei der Entwicklung geistiger und physischer Fähigkeiten erfüllt Eisen eine wichtige Funktion. Man benötigt es nicht nur zur Bildung von rotem Blutfarbstoff (Hämoglobin), durch den der Sauerstoff in alle Körperzellen und -gewebe transportiert wird, sondern auch zur Bildung der weißen Blutkörperchen, die eine lebenswichtige Rolle im Immunsystem spielen. Eisenmangel führt zu Müdigkeit und Kraftlosigkeit, geringerer Widerstandsfähigkeit und eher schwacher Koordination der Muskeln. Während der ersten Phase des Abstillens kann die ausreichende Versorgung des Babys mit Eisen durchaus ein Problem darstellen; am besten sprechen Sie mit Ihrem Kinderarzt darüber. Reich an Eisen sind mageres Fleisch und Vollkornbrot oder Vollkornflocken sowie grünblättriges Gemüse und Trockenobst.

- Geben Sie Ihrem Baby Orangensaft. Vitamin C beschleunigt die Eisenaufnahme.
- Ihr Kind sollte keinen Tee bekommen – Gerbsäure verhindert die Eisenaufnahme.
- Füttern Sie den Säugling bis zum Alter von einem Jahr mit Mutter- oder Fertigmilch. Kuhmilch enthält zuwenig Eisen.
- Kaufen Sie mit Eisen angereicherte Frühstücksflocken (auf die Zutaten achten).

DER TÄGLICHE BEDARF

	Kohlenhydrate	Obst/Gemüse	Eiweiß
6–9 Monate	2–3 Portionen	2 Portionen	1 Portion
9–12 Monate	3–4 Portionen	3–4 Portionen	1–2 Portionen

Mengen und Portionen

Natürlich nimmt der Säugling mit der Zeit immer größere Nahrungsmengen zu sich – lassen Sie sich dabei immer von seinem Appetit leiten, zwingen Sie ihn nie dazu, mehr zu essen, als er möchte. Zusätzlich zu den angegebenen Mengen fester Kost sollte Ihr Kind täglich noch etwa 500–600 ml Mutter- oder Fertigmilch erhalten. Eine Portion entspricht einer Scheibe Brot, einer kleinen Schale mit Getreideflocken oder einer kleinen Kartoffel, einem Apfel, einer Birne oder einer Banane, einer Möhre, einigen Brokkoli- oder Blumenkohlröschen sowie 25 g Fleisch bzw. Fisch oder 50 g Linsen.

DER NÄHRSTOFFBEDARF DES BABYS

Bieten Sie Ihrem Baby eine gesunde, nahrhafte Ernährung in Form verschiedener Nahrungsmittel so früh wie möglich an. Beachten Sie, daß das Baby eine sehr faserreiche und gleichzeitig fettarme „Erwachsenenkost“ nicht verträgt und auch seinen Energiebedarf damit nicht decken kann. Folgende Lebensmittel sollten deshalb täglich auf dem Speiseplan Ihres Babys stehen:

- **Obst und Gemüse:** Beide liefern wertvolle Vitamine, Mineralstoffe, Spurenelemente (wichtige Nährstoffe in äußerst geringen Mengen) und Ballaststoffe. Zu den für Säuglinge wichtigen Vitaminen zählen das in roten, grünen und gelben Obst- und Gemüsesorten enthaltene Vitamin A sowie Vitamin C, das in den meisten Obst- und Gemüsesorten zu finden ist. Viel Vitamin C haben vor allem grünblättrige Gemüse, Zitrusfrüchte, Honigmelonen und Mangos.

- **Stärkehaltige Nahrungsmittel (Kohlenhydrate) wie Brot, Kartoffeln, Reis, Nudeln, Getreideflocken:** Sie sind wichtige Energielieferanten. Zudem enthalten einige Eiweiß und Ballaststoffe sowie bestimmte Vitamine, etwa Vitamin B.

- **Eiweiß (Fleisch, Fisch, Eier, Geflügel, Hülsenfrüchte, Nüsse, Tofu):** Proteine sind für das Wachstum des Kindes unabdingbar. Daher sollte Ihr Baby bei mindestens zwei von drei Mahlzeiten mit Eiweiß versorgt werden. Das bedeutet nicht unbedingt, nur Fleisch oder Fisch zu füttern, denn auch Milchprodukte, Nüsse oder Hülsenfrüchte sind gute Eiweißträger (siehe Seite 38–39).

- **Fette:** Kinder benötigen mehr Fett als Erwachsene. Geben Sie Ihrem Kind in den ersten beiden Lebensjahren Vollmilch, Käse und Joghurt aus Vollmilch.

- **Ballaststoffe:** Der kindliche Verdauungsapparat kann noch keine großen Mengen Fasern verarbeiten. Faserreiche Nahrungsmittel machen das Baby zwar satt, versorgen es aber nicht ausreichend mit Nährstoffen. **Reichern Sie daher die Babynahrung nicht mit ballaststoffhaltigen Zusätzen an.**

2

Fleisch und Fisch

Durch Fleisch und Fisch erhält der Säugling in konzentrierter Form das für sein Wachstum und die Gesundheit notwendige Eiweiß, aber auch andere essentielle Nährstoffe. Rotes Fleisch und Leber enthalten viel Eisen, weißer Fisch ist ein besonders guter Eiweißlieferant, dabei gleichzeitig fettarm und leicht verdaulich. Ölige Fische enthalten neben viel Eisen das fettlösliche Vitamin D und die sog. Omega-3-Fettsäuren, die für die Entwicklung der Gehirnfunktionen, des Herzens und der Blutgefäße überaus wichtig sind.

FISCH

Ab 6 Monaten kann der Säugling mit Fisch in fast jeder Form gefüttert werden. Bieten Sie weißen Fisch wie Kabeljau oder Schellfisch oder auch öligen Fisch wie Thunfisch oder Makrele an. Dosenfisch mag zwar praktisch sein, Sie sollten allerdings nur in Wasser eingelegte Produkte kaufen. In Salzlake oder Tomatensauce eingelegter Fisch ist für Säuglinge zu salzig und sollte daher frühestens erst ab einem Jahr gefüttert werden. Hervorragend geeignet ist Thunfisch. Lassen Sie ihn abtropfen und zerpflücken Sie ihn dann in kleine Teile. Auf keinen Fall sollte der Säugling Schalentiere wie Garnelen, Shrimps oder Krabben erhalten, ebensowenig Räucherfisch oder andere weiterverarbeitete Produkte.

FISCH VOR- UND ZUBEREITEN

Am besten dämpfen oder pochieren Sie Fisch in etwas Milch oder Wasser (auch sehr gut in der Mikrowelle möglich). Backen und Grillen sind ebenfalls geeignete Garmethoden, pinseln Sie den Fisch dazu mit etwas Öl ein. Oder Sie wickeln den Fisch in Alufolie und lassen ihn so im Ofen 20 Minuten garen. Fritierter Fisch ist wegen des Fetts ungeeignet. Achten Sie darauf, den Fisch nicht zu lange zu kochen, da er sonst trocken und fad schmeckt – er ist gar, wenn sich das Fleisch mit der Gabel leicht ablösen läßt, aber immer noch fest ist. Entgräten und enthäuten Sie ihn äußerst sorgfältig, bevor Sie ihn pürieren oder fein hacken.

ÖKO-FLEISCH

Zum einen verdirbt Fleisch bekanntlich schnell, zum anderen halten viele besorgte Eltern die hohen Anteile an Antibiotika, Hormonen und anderen Stoffen, die den Tieren bei Zucht und Mast verabreicht werden, für bedenklich. Trotzdem ist gerade Fleisch ein sehr wertvoller Eiweiß- und Eisenlieferant. Wenn Sie also Fleischgerichte für Ihr Kind zubereiten, sollten Sie, wenn möglich, Öko-Fleisch mit dem Prüfsiegel der anerkannten Verbände verwenden. Das Prüfsiegel garantiert sowohl eine strenge Herkunftskontrolle als auch eine artgerechte Haltung der Tiere und den Verzicht auf deren routinemäßige Behandlung mit Antibiotika.

FLEISCH

Für erste Fleischmahlzeiten eignet sich Hühnerfleisch besonders gut. Es ist fettarm, schmeckt neutral und läßt sich leicht zubereiten. Später können Sie Ihrem Kind auch andere Fleischsorten anbieten. Geben Sie Ihrem Kind die weniger streng schmeckende Hühner- oder Kalbsleber, auch sie ist eisenhaltig und leicht verdaulich. Aufgrund der Schadstoffbelastung verwenden Sie nur Leber von Tieren aus ökologischer Tierhaltung. Achten Sie darauf, die Garzeiten nicht zu überschreiten, da die Leber sonst zäh wird. Da sie sehr viel Vitamin A enthält, sollte sie höchstens einmal pro Woche auf dem Speiseplan stehen. In den ersten 12 Monaten empfiehlt es sich, gänzlich auf Speck, Salami und andere stark gesalzene oder geräucherte Fleisch- und Wurstprodukte zu verzichten. Kaufen Sie immer mageres Fleisch und entfernen Sie Haut, Knochen, Knorpel und Fett, bevor sie es fein hacken oder pürieren. So können Sie sich der Qualität des Fleischs sicher sein und unerwünschte Zusatzstoffe vermeiden.

DIE ERSTE FLEISCHMAHLZEIT

Vermengen Sie zu Beginn einfach nur übrige ungesalzene Fleischbrühe mit einer zerdrückten Kartoffel und z.B. einer Möhre. Sobald das Kind sich dann an den Geschmack gewöhnt hat, bieten Sie ihm etwas feingehacktes Fleisch an. Grillen, backen, dünsten oder pochieren Sie eine kleine Menge, die Sie zusammen mit etwas Brühe oder Gemüsebrei zu einer feinen Masse pürieren. Zwischen dem 8. und 9. Lebensmonat kann das Fleisch dann bereits gröber gehackt werden, und ab 10 bis 12 Monaten ist das Kind meist schon in der Lage, kleingeschnittene Fleischstücke zu essen.

POSITIV UND NEGATIV

Positiv ist:

- Hochwertige Produkte aus biologischem Anbau zu kaufen.
- Fett und Haut zu entfernen.
- Knochen und Knorpel zu entfernen.
- Zu grillen, pochieren, dünsten oder backen.
- Zu pürieren oder kleinschneiden.

Negativ ist:

- Fleisch oder Fisch zu fritieren.
- Salz oder gesalzene Brühe zu verwenden.
- Fleisch oder Fisch zu salzen oder räuchern.

2

Andere Eiweissquellen

Neben Fleisch oder Fisch gibt es noch andere wertvolle Eiweißlieferanten, etwa Milchprodukte, Eier, Hülsenfrüchte (Bohnen, Erbsen, Linsen), Tofu oder Nüsse. Der für Wachstum und Gesundheit eines Säuglings notwendige Eiweißbedarf wird durch kleine Mengen Fleisch, Fisch oder Eier zusammen mit einer angemessenen Portion Milch in ausreichendem Maße gedeckt. Ernähren Sie Ihr Kind allerdings vegetarisch oder aus anderen Gründen nach einer bestimmten Diät, so achten Sie darauf, daß es in jedem Fall genügend Eiweiß erhält.

DIE BEDEUTUNG VON EIWEISS

Eiweiß versorgt den Körper mit den lebensnotwendigen Aminosäuren, den Grundbaustoffen der Zellen. Einige Aminosäuren werden im Körper produziert, andere müssen mit der Nahrung aufgenommen werden. Eiweißträger wie Fleisch, Fisch und Milchprodukte (z.B. Käse) oder Sojabohnen enthalten alle essentiellen Aminosäuren. Einen geringeren Eiweißgehalt weisen Getreide, Hülsenfrüchte, Nüsse und Samen auf. Sie enthalten auch nicht alle essentiellen Aminosäuren. Um Ihr Kind also in ausreichendem Maße mit Eiweiß zu versorgen, ist sorgfältiges Kombinieren absolut erforderlich.

GERICHTE FÜR VEGETARISCHE BABYKOST

Die Kombination zweier sehr eiweißreicher Gemüsesorten gewährleistet die ausreichende Versorgung des Säuglings mit lebenswichtigen Proteinen. Befürchten Sie aber, daß Ihr Baby nicht genügend andere Nährstoffe erhält, sollten Sie mit dem Kinderarzt oder einem Ernährungsexperten sprechen. Veganische Kinder, die keine Milchprodukte bekommen, benötigen eventuell Vitamin- oder Mineralstoffergänzungspräparate.

- Linsen mit Reis
- Hummus (Kichererbsenpaste) mit Brot
- Käseschnittchen
- Getreideflocken mit Milch
- Folienkartoffel mit Käse und Milch
- Klößchen aus Kichererbsen und Reis (Felafel)
- Brei aus Kidney-Bohnen und Nudeln
- Linsensuppe und Brot
- Sojahack mit Reis
- Tofu mit Reis
- Brot mit Tahin (Sesamsamenaufstrich)
- Nudeln mit Käsesoße
- Pfannkuchen aus Buchweizen mit Frischkäse
- Polenta mit Käse

VEGETARISCHE ALTERNATIVEN

Wenn Sie Ihr Kind fleisch- und fischlos ernähren, sollten Sie ihm ein- oder zweimal täglich eines der nachfolgend genannten Nahrungsmittel geben:

- **Hülsenfrüchte:** Linsen, grüne Bohnen, Kichererbsen oder andere Hülsenfrüchte gelten als die besten pflanzlichen Eiweißträger, vor allem wenn sie zusammen mit Getreideprodukten (etwa Reis) gegessen werden. So erhält der Körper die essentiellen Aminosäuren. Sie sollten dabei allerdings genau die Angaben zur Zubereitung einhalten. Auch wenn Hülsenfrüchte als ausgezeichnete Eiweißlieferanten gelten, empfehlen viele Ernährungswissenschaftler doch, sie an Säuglinge unter 6 Monaten nicht zu füttern, weil sie zu sättigend sind.

2

- **Käse:** Im Alter zwischen 6 und 9 Monaten eignet sich Käse hervorragend als erstklassige Eiweißquelle. Weichkäsesorten wie Streich- oder Hüttenkäse können dem Baby in der ersten Phase der Umstellung gut angeboten werden. Sie müssen nicht extra angemacht werden und lassen sich einfach mit Obst oder Gemüse als zusätzlichen Nährstofflieferanten kombinieren. Genauso die Hartkäsesorten, die allerdings in dünne Scheiben oder kleine Würfel geschnitten werden müssen. Auch geriebener Käse schmeckt Kindern, z. B. kombiniert mit Saucen, Nudeln, Kartoffeln, Gemüse, Fleisch, Fisch oder als Brotbelag. Vermeiden Sie auf jeden Fall Blauschimmelkäse und andere weiche, unpasteurisierte Käsesorten mit Schimmelpilzen. Veganische Babys können Sojamilchprodukte erhalten, die mit Calcium und anderen Mineralstoffen und Vitaminen angereichert sind.

- Eier: Ab 6 Monaten kann man Säuglingen gut durchgegarte Eier anbieten. Achten Sie darauf, daß Eigelb und Eiklar fest sind. Babys mögen Eier in fast jeder Form. Sie können auch in Milchbrei oder andere gekochte Speisen gerührt werden.

- **Getreideprodukte:** Reis, Weizen, Gerste, Hafer, Hirse, Roggen und Buchweizen liefern Kalorien und Ballaststoffe, Calcium, Eisen und Vitamin B sowie Eiweiß.

- **Nüsse und Samen:** Ist Ihr Kind gesund und leidet es an keiner Allergie, dann sind Nüsse und Samen ab einem Alter von etwa 6 bis 7 Monaten gute Eiweißlieferanten. Mahlen Sie die Nüsse sehr fein oder verwenden Sie Brotaufstriche, etwa Haselnuß- oder Erdnußbutter.

Geben Sie einem Kind unter 5 Jahren nie ganze Nüsse, Samen oder Körner zu essen. Es besteht Erstickungsgefahr.

Fingerhappen

2

Sobald Ihr Kind seine Finger kontrolliert bewegen kann (etwa im Alter von 6 Monaten), können Sie ihm kleingeschnittene, mundgerechte Speisen anbieten, die es leicht selbständig greifen und sich in den Mund stecken kann. Durch diese Häppchen fördern Sie einerseits die Beiß- und Kauleistung, andererseits das selbständige Essen. Am besten bieten Sie Ihrem Kind bei jeder Mahlzeit ein bis zwei Sorten Häppchen an. Durch die Häppchen ist Ihr Kind nicht nur während des Essens beschäftigt, sondern auch, während Sie z.B. kochen. Sie geben Ihrem Kind also zum einen die Möglichkeit, selbst eine Auswahl zu treffen, was es essen möchte, zum anderen kleckern die Kleinen weniger herum als mit Mus oder Brei aus dem Schälchen.

Warnung

Häppchen sollte Ihr Kind nie alleine essen. Manche Kinder werden durch diese neuentdeckte Art des selbständigen Essens dazu verführt, sich alles in den Mund zu stecken, vergessen zu kauen und hinunterzuschlucken. Es besteht ein großes Risiko, daß sie sich verschlucken und ersticken.

HÄPPCHEN ZUBEREITEN

- Sie sollten so groß sein, daß sie das Baby leicht greifen kann. Schalen, Kerne, Steine etc. vorher entfernen!
- Gemüse sollte zum besseren Verzehr nur kurz gegart werden: Kochen, dünsten oder blanchieren Sie kleine Gemüsestückchen in kochendem Wasser etwa drei Minuten.
- Verwenden Sie weißes Fleisch wie Hühnchen oder Pute. Rote Fleischstücke sind für den Säugling meist zu fest.
- Vermeiden Sie harte Lebensmittel, an denen sich Ihr Kind verschlucken kann (siehe Seite 47).
- Pochieren oder dünsten Sie Fisch, damit er beim Zerteilen nicht völlig zerfällt.
- Mit Streifen aus Toast oder Brotstangen (Grissini) beschmieren sich die Babys oft weniger als mit Butterbrot.

EINE ABWECHSLUNGSREICHE AUSWAHL

Eiweiß

- Hühnchen oder Pute, gekocht, gewürfelt oder in Scheiben geschnitten
- Kleine Fleischbällchen aus gehacktem Huhn, Pute oder Lamm
- Streifen von sautierter Leber
- Fisch, gekocht und in Würfel geschnitten
- Thunfischstückchen
- Fischstäbchen
- Klößchen aus Fischmus

- Gewürfelter oder in Streifen geschnittener Hartkäse

- Tofuwürfel
- Aufgeschnittenes hartes Ei, gut durchgegarte Omelettestreifen
- Gegrillte magere Würstchen, flachgedrückt und möglichst fettfrei (nicht vor 9 Monaten)

Obst und Gemüse

- In Würfel, Scheibchen oder Stückchen geschnittenes Obst, etwa geschälte reife Birnen, Bananen, Melonen, Aprikosen, Avocados, Pfirsiche, Kiwis

- Ungeschwefeltes Trockenobst wie Aprikosen, Pflaumen, Apfelringe, Bananenscheiben, ungeschwefelte Rosinen oder Sultaninen (falls nötig, in kochendem Wasser aufweichen)

- Gekochtes Gemüse, in kleine Würfel oder Stäbchen geschnitten, etwa Karotte, Kartoffel oder Pastinake

- Kleine Blumenkohl- oder Brokkoliröschen
- Junger Mais
- In Streifen geschnittene rote, grüne oder gelbe Paprikaschoten

Kohlenhydrate

- Gekochte Nudeln, z. B. als Muscheln
- Klößchen aus gekochtem Reis
- Kleine Schnittchen aus festem Brot, Pittabrot, Ciabatta, leichtem Roggenbrot, Früchte- oder Gewürzbrot
- Brotstangen (Grissini), Toast- oder Zwiebackstücke

- Trockene Frühstücksflocken wie etwa Rice Crispies, Cornflakes oder gröbere Weizenflocken

- Reiswaffeln
- Minischnittchen in Form von Dreiecken, Stäbchen oder Würfeln. Als Belag: zerdrückte Banane, Paste aus Kichererbsen (Hummus), geriebener Käse, Weichkäse, ein zerdrücktes hartgekochtes Ei, Nußcreme, würziger Aufstrich, kleingeschnittenes Hühnerfleisch, zerpflückter Thunfisch

Getränke

Je mehr feste Nahrung Ihr Kind mit der Zeit zu sich nimmt, desto mehr darf es auch neue Getränke probieren. Grundsätzlich reicht im ersten Lebensjahr Wasser als einziges Zusatzgetränk. Aber auch sehr stark verdünnte, ungezuckerte, reine Obst- und Gemüsesäfte (1 Teil Saft auf 8 bis 10 Teile Wasser) sind für Säuglinge durchaus geeignet. Vermeiden Sie aber unbedingt zuckerhaltige Fruchtsaftgetränke, Babytees und -säfte.

MILCH

Im ersten Lebensjahr erhält ein Baby alle lebensnotwendigen Nährstoffe mit der Mutter- oder Fertigmilch. Je mehr feste Nahrung das Kind zu sich nimmt, desto mehr verliert die Milch an Bedeutung als Nährstofflieferant. Dennoch sollte ein einjähriges Kind immer noch mindestens die Hälfte seiner benötigten Kalorien aus Milch beziehen, d.h. etwa 500–600 ml Mutter- oder Fertigmilch pro Tag.

Die normale Kuhmilch eignet sich im ersten Lebensjahr nicht als Hauptnahrungsquelle, da sie nicht genügend Eisen und Vitamin D enthält. Pasteurisierte Milch kann jedoch jederzeit z. B. für Saucen oder Pudding verwendet werden. Nehmen Sie für Ihr Kind immer Vollmilch. Fettarme oder Magermilch ist für Babys oder Kinder unter 2 Jahren nicht geeignet, da sie zu wenig Kalorien und Vitamin A und D enthält. Ziegen- und Schafsmilch kommen wegen des geringen Nährstoffgehalts für Kinder unter einem Jahr ebenfalls nicht in Frage. Nicht adaptierte Soja- und Nußmilch eignet sich hier ebensowenig, da beide Sorten nicht nur calcium- und eiweißarm sind, sondern es ihnen auch an bestimmten Vitaminen und Mineralstoffen mangelt. Verträgt Ihr Kind keine Milch (besteht eine Unverträglichkeit gegenüber Laktose, also Milchzucker), kann ein Sojamilchpräparat die Lösung sein. Diese Fertigmilchprodukte sind mit Vitaminen und Mineralstoffen angereichert.

Im ersten Lebensjahr eines Säuglings sollten alle Milchflaschen und -tassen, aus denen das Baby trinkt, regelmäßig sterilisiert werden, denn warme Milch ist ein ausgezeichneter Nährboden für gefährliche Mikroorganismen.

FOLGEMILCH

Ab dem 7. Monat ist Folgemilch ein guter Nährstofflieferant. Sie enthält im Vergleich zur Mutter- oder Kuhmilch mehr Vitamin D und Eisen und wird auf der Basis von Kasein hergestellt, einem Eiweißbestandteil der Milch. Man hat herausgefunden, daß Säuglinge Kasein relativ langsam verdauen und so länger satt bleiben. Folgemilchprodukte sind allerdings nicht unbedingt notwendig, da in Mutter- und normaler Fertigmilch alle Nährstoffe enthalten sind.

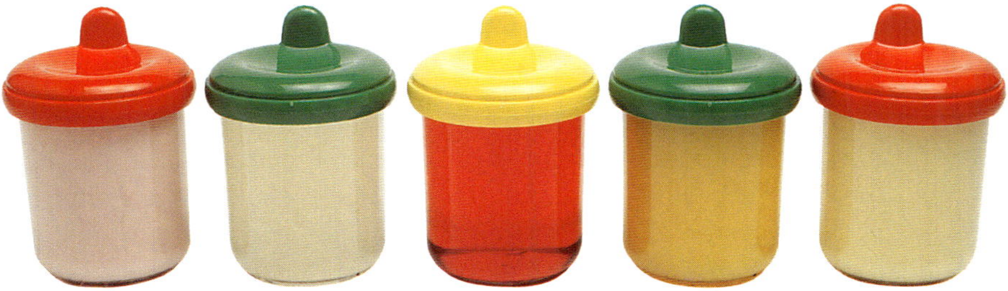

OBST- UND GEMÜSESÄFTE

Ungesüßte reine Fruchtsäfte sind ausgezeichnete Vitamin-C-Lieferanten. Pressen Sie sie selbst aus, kombinieren Sie sie beliebig oder kaufen Sie Produkte mit längerer Haltbarkeit. Reiner Saft enthält viel Fruchtzucker, deshalb sollte man ihn immer mit Wasser verdünnen (1 Teil Saft auf 8 bis10 Teile Wasser) und ihn am besten zum Essen und nicht zwischen den Mahlzeiten reichen.

Auch Gemüsesäfte, die in vielen Supermärkten erhältlich sind, schmecken den meisten Babys. Natürlich lassen sich auch diese selbst herstellen; beginnen Sie am besten mit Tomaten- und Möhrensaft.

GETRÄNKETIPS

Positiv ist:

■ Getränke zu den Mahlzeiten oder zum Durstlöschen an heißen Tagen auch zwischendurch anzubieten, dann aber ausschließlich Wasser.

■ Gesüßte Säfte ganz wegzulassen und den Getränken weder Zucker noch Honig hinzuzufügen. Spezielle Babygetränke können Fruktose oder andere natürliche Zucker enthalten. Deshalb genau auf die Zutaten achten und die Säfte immer verdünnen. Bieten Sie sie nie direkt aus der Flasche oder zwischen den Mahlzeiten an.

■ Die Säfte selbst auszupressen.

Negativ ist:

■ Dem Kind Limonaden, Diätgetränke oder zuckerfreie Getränke für Erwachsene zu geben. Sie machen das Kind nicht nur satt und verderben den Appetit, sondern enthalten oft künstliche Süßstoffe.

■ Sprudel- oder Mineralwässer anzubieten, die nicht dem empfohlenen Standard für Wasser entsprechen und viel Natrium oder andere Mineralstoffe enthalten (siehe Seite 24).

■ Dem Baby Tee, Kaffee oder Trinkschokolade anzubieten. Sie enthalten Koffein, das für Babys und Kleinkinder schädlich ist. Die Gerbsäure im Tee verhindert zudem die Aufnahme von Eisen.

■ Ihrem Kind vor dem Zubettgehen oder während der Nacht Milch oder Saft zu geben oder es mit der Flasche ins Bett zu legen. Dies kann Kariesbildung zur Folge haben (siehe Seite 48).

2

Sinnvoll einkaufen

Bevorzugen Sie beim Einkauf frische Produkte. Sie sind sehr nährstoffhaltig, gesund und ein schlechter Nährboden für Erreger, die eine Lebensmittelvergiftung auslösen könnten. Greifen Sie bei Obst und Gemüse zu hochwertigen Bio-Produkten mit gegebenenfalls ungewachster Schale, die ohne Pestizide und andere Chemikalien angebaut wurden.

Achten Sie bei allen Lebensmitteln auf das Verfallsdatum und verbrauchen Sie die Produkte entsprechend. Obst und Gemüse sollten fest, ohne Druckstellen und nicht welk oder vertrocknet sein. Fleisch sollte mager sein und eine rosige Farbe haben; Fisch muß feucht-glänzend aussehen und darf nicht stumpf und ausgetrocknet wirken. Er sollte immer frisch gekauft und noch am selben Tag verbraucht werden. Gefrorener Fisch gehört sofort in die Gefriertruhe. Bereits aufgetauter Fisch darf nicht erneut eingefroren werden.

GROSSE MENGEN VORBEREITEN

Erleichtern Sie sich die Arbeit beim Zubereiten der Babykost, indem Sie jeweils größere Mengen vorkochen und diese dann portionsweise einfrieren. In der ersten Phase des Abstillens und Zufütterns eignen sich als Vorratsbehälter hervorragend einfache Eiswürfelbehälter. Später verwenden Sie kleine, für die Gefriertruhe geeignete Plastikgefäße. Lassen Sie die Speisen schnell auskühlen, pürieren oder wiegen Sie sie fein und füllen Sie sie in die Gefäße ab, die Sie auf jeden Fall beschriften und mit dem Datum versehen sollten. Obst und Gemüse kann man etwa 6 Monate, Fleisch und Fisch etwa 3 Monate und Gerichte, denen Milchprodukte zugesetzt sind, etwa 2 Monate eingefroren lagern.

Nehmen Sie die Speise morgens aus dem Gefrierfach und lassen Sie sie völlig auftauen. Erhitzen Sie sie in der Mikrowelle oder im Wasserbad, müssen Sie sie äußerst sorgfältig umwenden, um eine gleichmäßige Erwärmung zu gewährleisten (besonders in der Mikrowelle). Servieren Sie das Essen nur wenig über Zimmertemperatur.

Lebensmittelvergiftung

Lassen Sie nie warmes Essen bei Zimmertemperatur stehen, damit sich keine Bakterien, die eine Lebensmittelvergiftung auslösen, bilden können.

MIT DEM BABY EINKAUFEN

Gerade Großeinkäufe lassen sich am besten erledigen, wenn das Baby schläft. Häufig bedarf es dazu nur einer Autofahrt zum genau richtigen Zeitpunkt. Nehmen Sie in diesem Fall Ihr Kind einfach im Autositz mit in das Geschäft. Ist Ihr Baby allerdings wach, empfiehlt sich der Einkauf mit Kinderwagen, aus dem das Kind herausschauen kann und durch die Eindrücke in der Umgebung abgelenkt wird. Da Babys oder Kleinkinder selten still im Einkaufswagen sitzen, sollten Sie immer gut auf sie aufpassen. Manche Geschäfte bieten auch Einkaufswagen an, in denen die Kleinen angeschnallt werden können.

Nehmen Sie eine Flasche Milch oder Wasser mit (sofern Sie nicht mehr stillen) und eine kleine Zwischenmahlzeit (Brot oder Joghurt) für den Fall, daß es einmal länger als geplant dauert. Essen Sie nicht während des Einkaufens, Sie tun sich damit keinen Gefallen. Sobald Ihr Kind dies sieht, sind den kleinen Machtkämpfen um Chips und Süßigkeiten Tür und Tor geöffnet.

SICHERHEIT GEHT VOR

- Geben Sie Ihrem Kind niemals Lebensmittel mit abgelaufenem Verfallsdatum.
- Wärmen Sie Gerichte sorgfältig auf.
- Decken Sie Reste immer sofort ab und stellen Sie sie kalt, sobald sie abgekühlt sind.
- Stellen Sie rohes Fleisch und rohen Fisch immer in das unterste Fach des Kühlschranks.
- Stellen Sie im Kühlschrank nie gekochtes neben rohes Fleisch.

2

DISKRETES STILLEN

Wann immer Sie ausgehen, sei es zum Einkaufen oder zu einer Verabredung, sollten Sie Ihr Baby zu Hause noch einmal füttern. Dies garantiert zwar nicht, daß es unterwegs keinen Hunger bekommt, aber das Risiko ist geringer. In manchen Großmärkten und Warenhäusern sind mittlerweile Mutter/Kind- oder Wickelräume eingerichtet, in denen Sie in Ruhe stillen können.

Gehen Sie zum Essen aus, so achten Sie darauf, was Sie anziehen. Praktisch sind weite Blusen oder T-Shirts; mit einem Tuch oder Schal können Sie geschickt das Baby vor Ablenkung abschirmen. Nehmen Sie in Restaurants im hinteren Teil am besten an einem Tisch zur Wand Platz, um sich für das Stillen etwas mehr Intimsphäre zu verschaffen.

2

Selbständig essen

Die meisten Babys vermitteln es den Eltern sehr schnell, wenn sie selbständig essen wollen: Sie greifen nach dem Löffel oder direkt mit den Fingern ins Essen. Los geht es damit meist im Alter von 8 oder 9 Monaten, wenn Babys anfangen, immer gekonnter mit den Fingern zu hantieren. Die Mahlzeiten dauern so zwar etwas länger, und die Kleinen kleckern auch mehr herum, doch zur Belohnung bleiben sie auch länger in ihrem Stuhl sitzen, wobei sie dabei vorwiegend den Speisen ganz auf den Grund gehen wollen. Selbständiges Essen sollte auf jeden Fall gefördert werden, da Ihr Kind dadurch wichtige körperliche und geistige Fähigkeiten entwickelt. Es verbessert die Koordination von Hand und Auge und steigert auch sein Selbstbewußtsein.

ERSTE SCHRITTE ZUM SELBSTÄNDIGEN ESSEN

Anfangs spielen die Kinder noch mehr mit dem Essen, als wirklich etwas zu sich zu nehmen. Sie manschen herum, probieren ein wenig, stellen ihr Schälchen auf den Kopf oder werfen es auf den Boden. Seien Sie auf alles vorbereitet und wappnen Sie sich mit Ruhe, Gelassenheit und einer guten Portion Humor, denn auch diese Phase geht vorbei. Für Ihr Baby gehört das Herunterwerfen seines Schälchens, das Sie immer wieder aufheben, zu den üblichen „Herunterwerf"-Spielen, die in diesem Alter normal und für seine Entwicklung ungeheuer wichtig sind.

KLEINE SCHMUTZFINKEN

Kleckern weist darauf hin, daß Fingerfertigkeit, Motorik und Koordination noch nicht ausgereift sind, ist jedoch auch Ausdruck des großen kindlichen Entdeckungsdrangs: Das Kind entdeckt seine Umwelt. Binden Sie ihm also ein festes Lätzchen um, am besten mit einer sogenannten Auffang- oder Krümeltasche. Der Hochstuhl sollte weit genug von der Wand entfernt sein; decken Sie in der Nähe stehende Möbel oder die Wände ab. Teller und Schälchen mit rutschfestem Stand sind besonders zu empfehlen, da sie nicht so leicht hochgenommen, heruntergeworfen und wild auf dem Tischchen hin- und hergeschoben werden können.

MIT DEM LÖFFEL ESSEN

Solange Ihr Kind mit dem Löffel noch nicht gut umgehen kann, empfiehlt es sich, zwei Löffel und zwei Schälchen parat zu haben. Ein Set dient zum Spielen, das andere zum richtigen Füttern. Gelingt es Ihrem Kind nicht, den vollen Löffel zum Mund zu führen, so tauschen Sie ihn erst einmal gegen den leeren aus. Üben Sie sich in Nachsicht, wenn der größte Teil auf dem Boden und nicht im Mund Ihres Babys landet. Bedenken Sie, daß ein verlangsamtes Wachstum gegen Ende des ersten Lebensjahres völlig normal ist. Mit sanfter Hand geführt, erhalten die Kinder auch all das, was sie brauchen, und leiden keinen Hunger.

Warnung

- Lassen Sie Ihr Kind beim Essen nie alleine, es könnte sich verschlucken. Sollte dies passieren, reagieren und helfen Sie sofort. Weintrauben, rohe Möhren, Fleischbrocken und Popcorn sind besonders riskant.
- Geben Sie Ihrem Baby keine zu harten Nahrungsmittel, die es nur schwer kauen kann.
- Geben Sie dem Kind keine ganzen Nüsse oder Weintrauben, Eiswürfel, kein Kernobst oder andere Lebensmittel, an denen es sich verschlucken kann.
- Das Babybesteck sollte immer sauber sein, der Hochstuhl nach jeder Mahlzeit abgewischt werden und das Baby jedes Mal ein frisches, sauberes Lätzchen bekommen.
- Oft schlucken Babys das Essen nach dem Kauen nicht gleich. Sie sollten dann Ihr Baby dazu bringen, den Mund zu öffnen, und das Essen mit dem Finger entfernen.

2

Süsse Verlockungen

Eigentlich kommt man mit einer Vorliebe für Salziges zur Welt. Da aber bereits die Muttermilch süß schmeckt, ändert sich dies schnell. Sie sollten Ihrem Kind im ersten Lebensjahr keinen Zucker geben: Kinder, die zu diesem Zeitpunkt keinen Zucker bekommen, verspüren später nie ein starkes Verlangen nach Süßem. Sie ermöglichen Ihrem Kind dadurch, auch eine Vorliebe für gesündere Alternativen zu entwickeln.

2

ZUCKERPROBLEME

Am besten vermeiden Sie Zuckerprobleme, wenn Sie Ihrem Baby im ersten Lebensjahr keine zuckerhaltigen Getränke oder Speisen geben, denn es ist wenig sinnvoll, den Kindern ihre Vorliebe für Zucker mit Mühe wieder abzugewöhnen, wenn sie diese gerade erst entwickelt haben. Vermeiden Sie alle Arten von Zucker, also auch braunen Zucker, Ahornsirup, Honig und alle „natürlichen“ Zucker wie etwa Fruchtzucker (Fruktose), Laktose (Milchzucker) und Glukose. Diese bieten nur sogenannte leere Kalorien, die ihrem Kind den Appetit verderben und keine Nährstoffe liefern. Zudem ist Zucker Hauptauslöser von Karies und steht indirekt in Zusammenhang mit Diabetes und Hyperaktivität bei Kindern.

ZAHNFÄULE DURCH NUCKELFLASCHEN

Karies kann entstehen, wenn das Kind überall mit dem Fläschchen oder einem anderen Getränk herumlaufen darf (einschließlich Fertigmilch oder zuckerhaltiger Getränke), so daß es trinken kann, wann und wo es möchte. Verstärkt wird dieser Effekt, wenn das Baby seine Nuckelflasche mit ins Bett bekommt. Dann wird im Mund weniger Speichel produziert, wodurch sich der Zukker an den Zähnen festsetzt. Sie sollten daher Getränke nur zum Essen reichen oder als Zwischenmahlzeit, jedoch nicht, um Ihr Kind ruhig zu halten. Geben Sie Ihrem Kind am Abend nur Wasser in die Flasche, achten Sie darauf, daß seine Zähne nicht über längere Zeit zuckerhaltiger Flüssigkeit ausgesetzt sind.

UMGANG MIT ZUCKER: POSITIV UND NEGATIV

Positiv ist:

- Dem Baby statt fertiger Nachtische Joghurt, Frischkäse oder Obst (roh, gekocht, gebacken, als Kompott) zu geben.
- Die Zutatenliste nach verstecktem Zucker zu durchforsten (oft enthalten Nahrungsmittel Zucker, von denen man es nicht unbedingt erwartet, etwa Saucen oder Fischstäbchen). Auch Maltose, Dextrose, Laktose, Glukose und Fruktose sind Zucker.
- Dem Baby anstelle eines Schokoladenriegels eine gefrorene Banane zum Lutschen zu geben (gut bei entzündetem Zahnfleisch, während des Zahnens).
- Bei Frühstücksflocken immer nichtraffinierte, ungesüßte Sorten zu wählen.
- Dem Kind regelmäßig nach dem Essen die Zähne zu putzen. Auch kleinen Babys kann man mit etwas Zahnpasta auf einem Wattepad die Zähnchen reinigen (siehe Seite 81).

Negativ ist:

- Der Babynahrung noch zusätzlich Zucker zuzufügen. Gehen Sie bei sich selbst mit gutem Beispiel voran.
- Dem Baby gesüßten Obstsaft oder Saftmischungen (überprüfen Sie die Inhaltsstoffe) zu geben. Frisch gepreßter Saft, mit Wasser verdünnt, ist besser.
- Ihrem Kind Sprudel oder Limonade anzubieten – sie können den Zahnschmelz zerstören und zu Karies führen.
- Bei gutem Benehmen dem Kind als Belohnung Süßigkeiten zu geben. Ebenso bedenklich: süßer Nachtisch als Belohnung für den leergegessenen Teller.

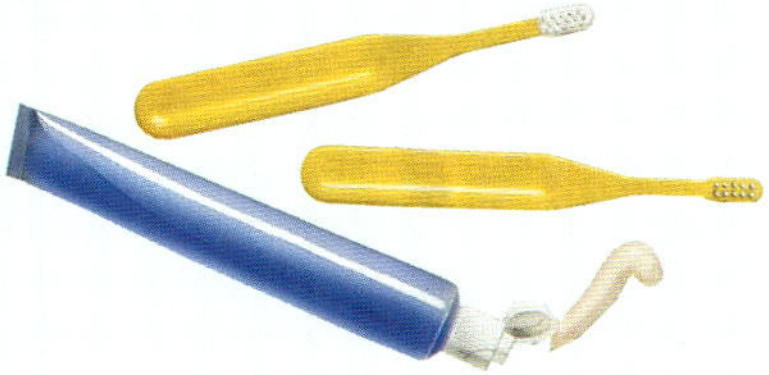

GESUNDE ZWISCHENMAHLZEITEN

Der Verzicht auf Zucker bedeutet nicht, daß Sie Ihrem Kind nichts Süßes anbieten können. Als Alternative zu Keksen und Süßigkeiten eignen sich Äpfel, Möhren oder Bananen. Brötchen und Gebäck aus Kartoffelmehl, Hefe- oder Sauerteig können als gesunde und nahrhafte Alternative zu Kuchen gereicht werden. Nach dem ersten Geburtstag wird es allerdings schwieriger, Süßigkeiten ganz zu vermeiden, insbesondere wenn das Kind Großeltern hat, die es mit süßen Leckereien überhäufen. Versuchen Sie aber, Süßes auf ein Minimum zu beschränken, wobei dies oftmals leichter fällt, wenn man im Rahmen seiner Möglichkeiten selbst kocht, denn dann bestimmen Sie den Zuckergehalt der Speisen. Zudem gibt es viele Sorten Kekse, Gebäck und Kuchen, die kaum Zucker und dafür getrocknete Früchte wie Rosinen oder Aprikosen enthalten.

Speisepläne

Die Speisepläne auf der gegenüberliegenden Seite bieten Anregungen für die gesunde und nahrhafte Zusammenstellung der Babykost. Erweitern Sie ständig die Angebotspalette für Ihr Kind, so daß es immer neue Nahrungsmittel kennenlernt. Je breiter die Palette, desto umfassender die Versorgung. Kleine Kinder vergessen übrigens schnell: Ein 6 Monate altes Baby weiß nicht mehr, welches Nahrungsmittel es beim ersten Mal noch abgelehnt hatte. Bereits nach wenigen Tagen ist es durchaus möglich, daß Ihr Baby vorher Verschmähtes lecker findet.

DIE RICHTIGE MENGE

Die Größe der Portionen variiert von Baby zu Baby und kann sich täglich ändern. Es empfiehlt sich, zuerst lieber etwas weniger aufzutragen und eventuell einen Nachschlag zu geben. Zwischen 6 und 9 Monaten sollten Sie Ihrem Kind zwei- bis dreimal täglich kohlenhydrathaltige Nahrung (eine kleine Folienkartoffel, 30 g Reis oder Nudeln) und pro Tag zweimal Obst oder Gemüse (eine Banane, einen kleinen Apfel, eine Möhre, sechs grüne Bohnen) sowie eine Portion Fleisch, Fisch oder eiweißhaltiges Gemüse (25 g Fleisch, Fisch oder Käse, 1 Ei, 50 g Hülsenfrüchte) reichen. Hinzu kommen 500 ml Mutter- oder Fertigmilch. Zwischen 9 und 12 Monaten sollten Sie dann täglich drei- bis viermal stärkehaltige Lebensmittel, drei- bis viermal Obst und Gemüse und mindestens einmal Fleisch, Fisch oder alternativ zweimal eiweißhaltiges Gemüse anbieten, dazu 500 bis 600 ml Mutter- oder Fertigmilch.

SPEISEPLAN FÜR DAS ERSTE JAHR

6–9 Monate

Zum Frühstück

Frühstücksflocken mit Milch und Obst

Am Vormittag

Milch

Zum Mittagessen

Brei aus Fleisch, Fisch, Hülsenfrüchten mit Gemüse; Obst; Wasser zum Trinken

Am Nachmittag

Milch

Am Spätnachmittag

Kräftig zubereitetes Gemüse aus eiweißhaltigen Lebensmitteln (kein Fleisch); Obst; Wasser als Getränk

Vor dem Schlafen

Milch

9–12 Monate

Zum Frühstück

Brot, Toast, Zwieback, Frühstücksflocken; Joghurt und Obst; Milch aus der Tasse

Am Vormittag

Milch aus der Tasse

Zum Mittagessen

Feingewiegtes Hühnerfleisch mit selbstgemachter Sauce oder verschiedene Gemüse, in Streifen geschnitten; Banane und selbstgemachter Milchbrei; Wasser aus der Tasse

Am Nachmittag

Milch aus der Tasse

Am Spätnachmittag

Nudeln mit Käse; aufgeschnittene Tomate; Milch aus der Tasse

Abends

Kleines belegtes Brot; Obst; frischer Obstsaft

Vor dem Schlafen

Mutter- oder Fertigmilch

Essprobleme lösen

Die meisten Babys gewöhnen sich schnell daran, mit der Familie zu essen. Die Milch als Hauptnährstofflieferant tritt in den Hintergrund. Bei dieser Umstellung treten aber meist folgende Probleme auf:

APPETITLOSIGKEIT

Ab dem 7. Lebensmonat verlangsamt sich das Wachstum des Babys, was sich auch auf dessen Appetit niederschlagen kann. Appetitlosigkeit kann also völlig harmlose Ursachen haben, und solange Sie Ihrem Kind eine ausgewogene Kost vorsetzen, wird es nicht verhungern. Auch Milch kann den Appetit verderben. Dennoch sollten Sie das Milchtrinken nicht ganz unterbinden, da Milch in diesem Alter nach wie vor eine lebenswichtige Nahrungsquelle für das Kind darstellt. Bieten Sie vielmehr zwischendurch nicht ununterbrochen etwas zum Naschen an. Machen Sie sich ebenfalls keine zu großen Sorgen, wenn Ihr Kind plötzlich wählerisch wird und nur noch ganz bestimmte Speisen ißt. Lassen Sie es gewähren, bieten Sie zugleich andere Nahrungsmittel an.

KLÜMPCHEN – NEIN DANKE!

Zur Förderung der Kauleistung müssen die Speisen nach und nach dickflüssiger und klumpiger zubereitet werden. Da die meisten Babys zusammengemischten, klumpigen Brei ablehnen, sollten Sie kleine separate Portionen von gekochtem Gemüse, Fleisch oder Käse anrichten und diese nicht miteinander verrühren. Denken Sie auch an die Häppchen, die Ihr Kind selbständig mit den Fingern essen kann.

NICHT AUS DER TASSE TRINKEN

Wenn Sie die Nahrung von Brust oder Flasche auf feste Kost umstellen, sollten Sie dem Kind zugleich frühzeitig das Trinken aus der Tasse beibringen. Setzen Sie dies jedoch keinesfalls mit Macht durch, da die meisten Babys in diesem Alter noch ein erhöhtes Bedürfnis nach Nuckeln und Saugen haben. Akzeptiert Ihr Kind also die Tasse zu einem bestimmten Zeitpunkt noch nicht, versuchen Sie es entweder einige Wochen später wieder oder wählen Sie eine andere Tasse. Zu den Mahlzeiten eignen sich Trinklerntassen mit Schnabelaufsatz.

Ernährung des Kleinkinds

Zwischen 12 Monaten und 3 Jahren integriert sich das Baby immer mehr in die Familie. Nutzen Sie die Gelegenheit und gestalten Sie die Mahlzeiten abwechslungsreich: Kochen Sie bißfest oder weich, kalorienreich oder -arm, scharf oder mild. Kochen, dämpfen, dünsten, grillen Sie, benutzen Sie die Mikrowelle, servieren Sie Rohkost. Es gibt viele Möglichkeiten, interessante Gerichte zuzubereiten. Lassen Sie Ihrer Phantasie freien Lauf, und es wird Ihnen, Ihrem Kind und dem Rest der Familie beim Essen bestimmt nicht langweilig.

Zwischen ein und 3 Jahren

Babys wachsen mit ungeheurer Geschwindigkeit, die sich erst im Alter von etwa 12 Monaten verlangsamt. Das Gewicht erhöht sich nicht mehr so rapide, zumal sie dann auch zu laufen beginnen und körperlich aktiver werden. Ab einem Alter von 2 bis 3 Jahren nehmen Kinder bis ins Teenageralter konstant gleichmäßig zu.

Zwischen 12 Monaten und 3 Jahren entwickeln Kleinkinder in Riesenschritten ihre körperlichen, intellektuellen und sozialen Fähigkeiten. Sie werden unabhängiger und können eine ganze Reihe verschiedener Aufgaben immer besser bewältigen. So lernen sie selbständiges Essen und zeigen häufig gewisse Vorlieben für bestimmte Speisen (die sie auch nachdrücklich äußern).

KÄMPFE UMS ESSEN VERMEIDEN

Nur zu oft kann es passieren, daß sich die wachsende Unabhängigkeit des Kinds in einem Wutanfall bei Tisch äußert. Lassen Sie sich auf Auseinandersetzungen gar nicht erst ein, denn gerade in diesem Alter verlieren Kleinkinder vorübergehend ihr Interesse am Essen. In der Regel besteht aber kein Anlaß zur Besorgnis, denn der Appetit eines Kindes schwankt generell von Tag zu Tag. Wichtig und entscheidend ist letztlich nicht die tägliche Nahrungsaufnahme, sondern die Summe dessen, was Ihr Kind im Laufe einer ganzen Woche zu sich nimmt.

Oft stören die Mahlzeiten das Kleinkind auch bei seiner Lieblingsbeschäftigung, dem Spielen. Durch das Spielen entdeckt es die Welt und entwickelt immer neue Fähigkeiten. Lassen Sie die gemeinsamen Mahlzeiten auf Ihr Kind daher wie ein Spiel wirken, durch das es soziales Verhalten lernt, und es wird gerne mit der ganzen Familie am Tisch sitzen und sein Essen genießen.

DER NÄHRSTOFFBEDARF

Durch eine ausgewogene Kost versorgen Sie Ihr Kind mit allen notwendigen Nährstoffen, mit Eiweiß, Kohlenhydraten (Stärke) und Fetten; Obst und Gemüse garantieren die nötige Menge an Vitaminen und Mineralstoffen. Der individuelle Bedarf eines Kinds schwankt und hängt natürlich auch von seiner Aktivität ab. Als Faustregel gilt: Ein Kind zwischen 12 Monaten und 3 Jahren benötigt pro halbem Kilo Körpergewicht 45–50 kcal. Im Wachstum brauchen Kinder mehr Eiweiß als Erwachsene. Rechnen Sie zwischen 12 Monaten und 3 Jahren mit etwa 14,5 g Eiweiß pro Tag, wobei 6 g hochwertiges, also am besten tierisches oder sehr konzentriertes pflanzliches Eiweiß sein sollten. Den Rest liefern Getreideflocken, Brot oder andere, weniger konzentrierte Nahrungsmittel.

ÜBLICHE EIWEISS-LIEFERANTEN

Folgende Nahrungsmittel enthalten ca. 6 g Eiweiß:

1 Ei
25 g mageres Fleisch
25 g Hartkäse
45 g Eiernudeln oder Haferflocken
80 g Brot

3

DER TÄGLICHE BEDARF – 12 MONATE BIS 3 JAHRE

Wie groß ist eine Portion?

Eine Portion entspricht einer Scheibe Brot, einer kleinen Schale Getreideflocken, einer kleinen Folienkartoffel; einem Apfel, einer Birne oder Möhre, einigen Blumenkohl- oder Brokkoliröschen, 25 g Fleisch oder Fisch, 50 g Linsen.

Nahrungsmittel	Täglicher Bedarf
Kohlenhydrate (Brot, Getreideflocken, Kartoffeln, Nudeln, Reis)	Drei bis vier Portionen
Milch und Milchprodukte	Zwei bis drei Portionen
Obst und Gemüse	Drei bis vier Portionen
Eiweiß (Fleisch, Fisch und pflanzliches Eiweiß)	Eine Portion aus tierischen oder zwei Portionen aus pflanzlichen Erzeugnissen

Der Geschmack ändert sich

Am besten kann man den Nährstoffbedarf des Kinds durch eine ausgewogene, abwechslungsreiche Ernährung decken. Bieten Sie auch einmal abgelehnte Speisen nach einer gewissen Zeit erneut an, denn das Kleinkind ist nun immer mehr in der Lage, neue und andere Lebensmittel zu essen, solange diese nur entsprechend zubereitet sind. Eventuell kann Ihr Kind also schon jetzt die Familienmahlzeit genießen. Nutzen Sie die Zeit, um verstärkt auf die Eßgewohnheiten in der Familie zu achten, denn Sie können von einem Kleinkind nicht erwarten, ausschließlich gesunde Kost zu essen, während seine Eltern und Geschwister sich an „Junk food“ laben.

3

Wählerisch

Sehr schlechte Esser werden eventuell nicht ausreichend mit den lebenswichtigen Nährstoffen versorgt. Hier empfiehlt es sich, weiter Brust oder Flasche mit Fertignahrung zu geben, so daß der Bedarf auf jeden Fall gedeckt wird, wie es auch durch die erweiterte Beikost der Fall wäre.

ALLES ÜBER MILCH

Milch und Milchprodukte sind nach wie vor wichtig in der Ernährung des Kinds. Sie enthalten das für den Knochenaufbau und die Zähne so wichtige Calcium, sind eiweiß- und fetthaltig. Ab einem Jahr sollten Kinder nach Meinung der Experten 350 mg Calcium pro Tag erhalten. In diesem Alter kann ein Kind bereits pasteurisierte Vollmilch trinken, etwa 350 ml pro Tag. Läßt der Appetit auf Milch nach, versuchen Sie andere Variationen: Mixen Sie Milchshakes mit püriertem Obst und Joghurt, bieten Sie Joghurt oder Käse an, Frischkäse oder Crème fraîche. Rühren Sie Milch auch in Cremes und Saucen.

CALCIUMREICHE NAHRUNGSMITTEL

Folgende Nahrungsmittel enthalten etwa 350 mg Calcium:

300 ml Milch
75 g Hartkäse
175 g Joghurt
250 g Brot
50 g Sardinen

ETWAS NEUES AUSPROBIEREN

Ihr Baby kennt nun schon viele Nahrungsmittel und wird wahrscheinlich die Abwechslung lieben. Bieten Sie neue Nahrungsmittel nacheinander an, so daß Sie bei einer allergischen Reaktion schnell den Auslöser identifizieren können. Verzichten Sie eventuell auf Lebensmittel, die bei Familienmitgliedern Allergien ausgelöst haben, etwa Eier, Weizen oder Erdbeeren.

■ Versuchen Sie ganze weiche Früchte wie Himbeeren, Erdbeeren oder Obst mit kleinen Kernen.

■ Bieten Sie ein ganzes hartgekochtes Ei an.

■ Lassen Sie Ihr Kind verschiedene Brotsorten kosten, vorausgesetzt, es reagiert nicht allergisch auf Weizen. Verzichten Sie auf sehr grob geschrotetes Vollkornbrot, da die enthaltene Kleie häufig zu Durchfall führt.

■ Erweitern Sie die Palette der Fleischsorten. Verzichten Sie weiterhin auf geräucherte oder weiterverarbeitete Ware wie Salami. Kaufen Sie magere Stücke, entfernen Sie sichtbares Fett. Geben Sie dem Kind kein fritiertes Fleisch.

■ Intensiv schmeckendes Gemüse wie Rosenkohl oder Brokkoli werden jetzt von den Kindern oft akzeptiert.

ERWACHSENE UND KINDER

Kinder benötigen wesentlich größere Mengen Eisen und Eiweiß, die sie besonders durch mageres rotes Fleisch erhalten, das noch nährstoffhaltiger als Fisch oder Geflügel ist. Letztere reichen hingegen für Erwachsene aus. Ernähren Sie Ihr Kind jedoch fleischlos, geben Sie ihm genügend Nüsse, entsprechend angereichertes Brot und Getreideflocken sowie grünblättrige Gemüsesorten. Sie liefern die so lebenswichtigen Nährstoffe.

3

ERNÄHRUNGSREGELN

Positiv ist:

■ Kinder ausgewogen zu ernähren, Abwechslung zu bieten. So sorgen Sie für die notwendigen Nährstoffe.

■ Immer neue Speisen anzubieten.

■ Vormals verschmähte Nahrungsmittel erneut anzubieten.

■ Für eine vernünftige Mischung von frischen und fertigen Nahrungsmitteln zu sorgen, nicht nur um Abwechslung auf den Tisch zu bringen, sondern auch, um die Zeit der Vor- und Zubereitung in Grenzen zu halten.

Negativ ist:

■ Kindern ganze Nüsse zu geben; sie könnten immer noch daran ersticken. Warten Sie, bis sie etwa 4 oder 5 Jahre alt sind.

■ Ihrem Baby weichgekochte Eier oder Gerichte mit rohen Eiern zu servieren. Hier besteht die Gefahr einer Lebensmittelvergiftung durch Salmonellen.

■ Babynahrung zu salzen oder zu zuckern.

■ Kleinkindern stark gewürzte oder sehr scharfe Gerichte wie Chili anzubieten.

Gemeinsam essen

Nun kann das Baby schon manche Mahlzeiten gemeinsam mit der Familie einnehmen. Rücken Sie dazu anfangs einfach den Hochstuhl an den Tisch heran, so daß Ihr Kind genau sehen kann, was passiert. Binden Sie ihm ein großes Lätzchen mit Kunststoffeinlage um und decken Sie eventuell auch den Boden mit einer Plastikauflage ab. Später kann das Kleinkind dann im normalen Stuhl sitzen; falls notwendig, schichten Sie einfach einige Kissen übereinander, so daß es höher sitzt.

FRÜHSTÜCK

Die erste Mahlzeit des Tages ist ausgesprochen wichtig, insbesondere wenn die Kinder immer aktiver werden. Was Sie Ihrem Baby letztlich geben, hängt davon ab, was die anderen Familienmitglieder zum Frühstück essen. Für Kleinkinder eignen sich Joghurt mit untergemischten Früchten und Frühstücksflocken, außerdem geschältes und kleingeschnittenes Obst, etwa ein Apfel, eine Birne oder auch über Nacht eingelegtes, entsteintes, ungeschwefeltes Dörrobst. Gut sind auch kleingewürfelter Käse, Rühreier oder andere eiweißhaltige Nahrungsmittel zusammen mit einer kleinen Scheibe Toast, Brot oder Zwieback. Müsli mit Milch ist eine Alternative. Essen Sie morgens Müsli, geben Sie Ihrem Kind eine Extraschale, aus der es die Flocken herauspicken und nach dem Essen damit spielen kann. Kaufen Sie immer ungezuckerte, nichtraffinierte Getreideflocken, da sie nährstoffhaltiger sind und keine Karies verursachen.

MITTAGESSEN

In vielen Familien wird nicht zusammen zu Mittag gegessen. Deshalb sollte sich wenigstens an einem Tag am Wochenende die ganze Familie um den Tisch versammeln, und sei es auch nur für einen kurzen Imbiß. Heben Sie für Ihr Baby einfach etwas vom Abendessen des Vortages auf oder bieten Sie ihm kleine Häppchen an, die es mit den Fingern essen kann. Schneiden Sie dazu Brot in dünne Streifen oder bereiten Sie winzige Sandwiches vor, die das Baby bereits selbständig greifen und essen kann.

ABENDESSEN

Am gemeinsamen Abendessen können Babys und Kleinkinder häufig nicht teilnehmen, da sich viele Familienmitglieder oft erst sehr spät zu Hause einfinden. Vermeiden Sie sowohl für die Kleinsten als auch für ältere Kinder Mahlzeiten direkt vor dem Zubettgehen, da sie sonst nicht gut schlafen können. Am besten baden Sie die Kleinen vor dem Essen und erzählen ihnen eine Gutenachtgeschichte. Dann setzen sich die Erwachsenen in Ruhe zum Abendessen. Läßt sich all dies nur schwer einhalten, schenken Sie Ihrem Baby zumindest während seines Abendessens Ihre volle Aufmerksamkeit, setzen Sie sich dazu, wenn es ißt, und „unterhalten“ Sie sich mit ihm.

ESSEN FÜRS KLEINKIND

In diesem Alter können die Kleinen bereits mit den Erwachsenen am selben Tisch mitessen, sofern die Gerichte in mundgerechte Happen zerteilt werden. Hat ein Baby schon Zähne, sollten Sie sich über größere Stückchen nicht mehr den Kopf zerbrechen. Kauen ist für Ihr Kind sehr wichtig und muß trainiert werden. Lassen Sie die Speisen immer etwas abkühlen. Servieren Sie dem Baby nicht auf vorgewärmten Tellern, lassen Sie das Essen für 1 bis 2 Minuten am offenen Fenster abkühlen. Rühren Sie in der Mikrowelle erhitzte Gerichte gut um.

Versuchen Sie bei jeder Mahlzeit, wenigstens eine der Lieblingsspeisen Ihres Baby zu integrieren, und halten Sie die Portionen klein. Genehmigen Sie dem Baby lieber einen Nachschlag. Halten Sie die Gerichte einfach und bieten Sie etwas für die Optik, denn das Auge ißt bekanntlich mit. Richten Sie auf dem Teller separate Portionen aus Möhren, Erbsen, Fleisch oder einem anderen eiweißhaltigen Nahrungsmittel an. Die meisten Kinder mögen keinen zusammengemischten Einheitsbrei, sie möchten sehen, was sie essen.

FLEISCH

Für Babys sollte Fleisch immer gehackt, fein gewiegt oder kleingeschnitten werden, so daß sie es mit den Fingern essen können. Hier eignet sich gut weiches Fleisch wie Huhn, Pute oder Leber. Kleine Kinder kauen gerne an einer Hähnchenkeule herum – vorher Haut und lose Knochenstückchen entfernen. Rotes Fleisch ist deutlich zäher. Für weicheres Fleisch gießen Sie (ungesalzene) Sauce an, oder garen Sie es langsam bei niedriger Temperatur.

3

PORTIONSGRÖSSEN

Kinder können manchmal riesige Portionen essen, doch letztlich schwankt ihr Appetit noch ganz erheblich. Einige bewältigen etwa ein Viertel bis ein Drittel einer Erwachsenenportion, und andere verputzen sie ganz. Solange Ihr Kind nicht übergewichtig ist, sollte sein Appetit die Größe der Portionen bestimmen.

Essen als soziales Ereignis

Mahlzeiten bieten auch Gelegenheit zur Entwicklung neuer Fertigkeiten, die über das Halten des Bestecks hinausgehen. Gemeinsames Essen weckt die sozialen Fähigkeiten der Kinder, sie lernen, mit Menschen umzugehen und zu kommunizieren. Was Sie essen, wie Sie die Speisen zubereiten, Ihre Einstellung zu verschiedenen Nahrungsmitteln oder generell zu den Mahlzeiten – dies alles prägt das soziale Verhalten des Kinds im Laufe seines Lebens.

Durch die Erfahrungen am Eßtisch zu Hause, bei Freunden und Verwandten oder hin und wieder auch im Café oder Restaurant lernt ein Kind sich so zu benehmen, wie es von Familie und Gesellschaft akzeptiert wird. Ihr Kind lernt um so mehr, je öfter Sie ihm die Möglichkeit geben, die Mahlzeiten in Gemeinschaft einzunehmen.

DIE ÄUSSERE FORM

In manchen Situationen ist es einfach nicht möglich, immer gemeinsam zu essen, doch häufig läßt sich wenigstens eine gemeinsame Mahlzeit organisieren. Da sollte es egal sein, daß Ihr Kind noch im Trainingsanzug am Tisch sitzt oder der Geschäftspartner erst am nächsten Tag zurückgerufen wird.

Sitzen Sie dann schließlich in trauter Runde am Tisch, machen Sie es sich so angenehm wie möglich, verzichten Sie, wenn die Kinder klein sind, auf das frisch gestärkte Tischtuch. Beziehen Sie die Kinder bereits in das Tischdecken mit ein (die meisten helfen Mama und Papa gerne bei der Hausarbeit). Jedes Kind sollte nicht nur sein eigenes Besteckset haben, jeweils in entsprechender Größe, sondern auch seinen individuellen Lieblingsbecher.

FÜRS LEBEN LERNEN

Sitzen Kinder von Anfang an mit der ganzen Familie am Eßtisch, lernen sie soziales Eßverhalten meist wie von selbst. Sie begreifen, daß es sich nicht gehört, Speisen von den Tellern der anderen zu nehmen, und sie lernen den richtigen Umgang mit dem Besteck. Gleichzeitig nehmen Kinder die Mahlzeiten als soziale Gelegenheit zur Kommunikation und zum Gedankenaustausch wahr. Die Familie unterhält sich und diskutiert, das Kind erfährt soziales Verhalten und begreift sehr schnell, daß jeder einmal an die Reihe kommt.

Haben Sie für Ihr Baby keinen geeigneten Hochstuhl, setzen Sie es einfach auf einen normalen Stuhl, schichten Tücher oder Kissen darauf und decken alles mit einem großen, leicht zu reinigenden Tuch ab.

WAS KANN MAN ERWARTEN?

Man kann von kleinen Kindern erwarten, so lange abzuwarten, bis jeder am Tisch sein Essen auf dem Teller hat, sofern das Servieren nicht zu lange dauert. Daher gilt: Schon vorher in der Küche den Braten aufschneiden oder den Fisch zerlegen.

Unterhalten Sie sich und erzählen Sie den Kindern, was Sie tagsüber erlebt haben. Fragen Sie auch nach ihren Erlebnissen. Wird eine Geschichte einmal zu blumig erzählt, erinnern Sie Ihr Kind mit freundlichen Worten daran, daß jetzt gegessen wird. Versuchen Sie, Ablenkungen so gut es geht zu vermeiden. Kein Kind ist in der Lage, gleichzeitig zu essen und fernzusehen – die bewegten Bilder werden immer interessanter sein, egal, was auf dem Teller ist. Hinsichtlich des Aufstehens vom Tisch gibt es unterschiedliche Richtlinien. Zieht sich ein Gang z.B. über längere Zeit hin, mag es für ein Kind angenehmer sein, seinen Platz für kurze Zeit zu verlassen. Entscheidend ist, daß es zurückkommt, sobald Sie es rufen.

NACH DEM ESSEN

Ab wann Kinder beim Abräumen mithelfen können, ist individuell ganz verschieden. Ab etwa 2 Jahren kann man allerdings von ihnen verlangen, regelmäßig die eigene Tasse abzuräumen. Schmutziges Geschirr und Besteck oder Gläser sollten Sie lieber den älteren Kindern überlassen.

TABUS

Immer mehr Menschen essen statt einer Mahlzeit schnell „eine Kleinigkeit zwischendurch“. Häufig ersetzt dies die Mahlzeiten im Familienkreis. Kinder ahmen ihre Eltern und älteren Geschwister nach. Bringen Sie daher Ihre älteren Kinder dazu, sich nicht beliebig aus dem Kühlschrank zu bedienen. Hunger oder Appetit ist zwar der beste Koch, doch lassen Sie ein hungriges kleines Kind nicht endlos auf sein Essen warten. Zudem lernen Kinder beim gemeinsamen Familienessen, wie sie sich in Gesellschaft zu benehmen haben.

3

FERTIGGERICHTE

Für berufstätige Eltern eignen sich Fertiggerichte hervorragend. Die beim Kochen eingesparte Zeit können sie zusammen mit ihrem Kind beim gemeinsamen Spielen verbringen. Auch unter den Fertiggerichten finden sich vollwertige und nahrhafte, für Kinder geeignete Produkte. Gerade in Phasen, in denen Ihr Kind besonders wählerisch ist, bieten sich Fertiggerichte an. Es ist nicht ganz nachzuvollziehen, daß Fertigspeisen generell noch so umstritten sind, denn einige sind wirklich hervorragend.

Sicherheit geht vor

- Erhitzen Sie gefrorene oder gekühlte Speisen sehr sorgfältig.
- Erhitzen Sie Speisen bis zum Siedepunkt und lassen Sie sie dann abkühlen, bis sie für das Baby die richtige Temperatur haben.
- Heben Sie gekochte Speisen nie länger als 24 Stunden im Kühlschrank auf.
- Wärmen Sie gekochte Speisen nie mehr als einmal für Ihr Kind auf.
- Stellen Sie Lebensmittel nie in der Dose in den Kühlschrank. Füllen Sie sie in ein Kunststoffgefäß um und verschließen Sie es.
- Befolgen Sie bei gefrorenen Lebensmitteln genau die Anweisungen zum Erhitzen.

RICHTIG PLANEN

Es ist gar nicht schwer, kleinen Kindern eine abwechslungsreiche und gesunde Kost zu bereiten. Kochen Sie z.B. die Mahlzeiten für die Familie schon vor. Frieren Sie einfach eine kleine Extraportion ein, die Ihr Baby später bekommen kann. Möchten Sie die Speise schon am nächsten Tag geben, lassen Sie sie schnell abkühlen und stellen Sie sie solange zugedeckt in den Kühlschrank.

RICHTIG AUSWÄHLEN

Je naturbelassener und je weniger verfeinert (raffiniert) ein Nahrungsmittel ist, desto besser, denn durch die Veredelungsprozesse werden Nährstoffe abgebaut. Außerdem werden Salz, Zucker oder andere Stoffe zugesetzt, die das Lebensmittel nur haltbarer und optisch appetitlicher machen. Eine ganze Reihe von Zusatzstoffen darf zwar für die Herstellung von Babynahrung nicht verwendet werden, was aber gerade auf die bei Kindern so beliebte Fertignahrung häufig nicht zutrifft. Man denke hier nur an Fischstäbchen oder Hamburger.

Am besten eignen sich naturbelassene Fertigprodukte, etwa tiefgefrorener Fisch und tiefgefrorenes Fleisch oder Gemüse, ebenso die „frischen“ Gemüse-, Reis- oder Nudelvariationen in den Tiefkühlschränken der Supermärkte. Die Fertiggerichte in Dosen sind häufig nährstoffarm und durchlaufen meist mehrere Verarbeitungsprozesse. Gute Produkte sind hier z.B. Fisch, Gemüse und in Wasser oder Fruchtsaft eingelegte Früchte.

FERTIGGERICHTE SELBSTGEMACHT

Es ist einfacher, als man denkt, die bei kleinen Kindern so beliebten Fertiggerichte zu Hause nachzumachen. „Fischstäbchen Marke Eigenbau" enthalten keine Farbstoffe oder andere Zusätze. Wenden Sie einfach in Streifen geschnittenen Fisch in Mehl, Eiern, Milch und Semmelbröseln. Backen Sie den Fisch in Pflanzenöl leicht in der Pfanne aus. Kleine Fleischklößchen oder Minihamburger aus feingewiegtem, magerem Fleisch oder einem vegetarischen Produkt sind ebenfalls zu empfehlen. Auch Pommes frites lassen sich im Ofen leicht selber herstellen.

SCHNELL UND EINFACH

Greifen Sie auf schnelle und einfache Gerichte zurück, wie z.B. Folienkartoffeln, die sich vorkochen und in der Mikrowelle einfach aufwärmen lassen. Auch belegte Brote sind schnell vorbereitet und durchaus nahrhaft, wenn sie z.B. mit Käse, Thunfisch, streichfester Nußbutter, Fleischpaste, würzigen Gemüsecremes und Tomatenscheiben belegt werden. Verwenden Sie zur Abwechslung auch einmal Pittabrot. Reichen Sie dazu Obst oder ein Glas Milch, und fertig ist eine gesunde, ausgewogene Mahlzeit!

MISCHEN UND KOMBINIEREN

Bei der Ernährung Ihres Kinds ist es sinnvoll, zwischen Fertiggerichten und Selbstgemachtem abzuwechseln. Eine Mahlzeit könnte also wie folgt aussehen: Frühstücksflocken aus der Packung mit Banane, selbstgemachte Fleischklößchen mit Erbsen und Karotten aus der Tiefkühltruhe, Fischstäbchen mit frisch zubereitetem Blumenkohl und Brokkoli, Nudeln, Reis oder Linsen mit selbstgemachter Tomatensauce.

3

ROHKOST

Bis jetzt hat Ihr Kind wahrscheinlich vor allem gekochte Nahrung bekommen. Doch nun können Sie ihm auch Rohkost anbieten. Viele Ärzte und Ernährungsexperten betonen die Bedeutung der in Obst und Gemüse so reichhaltig enthaltenen Vitamine, Mineralstoffe und Spurenelemente. Diese sind unabdingbar für einen gesunden Körper sowie im Kampf gegen Infektionen und Krankheiten. Vitamin C, E und Beta-Carotin spielen bei diesen Abwehrmechanismen die Hauptrollen, nicht zu vergessen die ebenso lebenswichtige Linolsäure, eine in grünblättrigem Gemüse enthaltene Fettsäure. Rohe Nahrungsmittel sind deshalb so nahrhaft, weil die Vitamine, Mineralstoffe und viele andere Nährstoffe nicht wie beim Kochen verlorengehen, sondern voll erhalten bleiben. Rohkost hat außerdem den Vorteil, immer und sofort verfügbar zu sein – geradezu ideal für eine kleine Zwischenmahlzeit beim Spielen.

AUSGEPRESSTE SÄFTE

Fast alle Obst- und Gemüsesorten lassen sich zu köstlichen und gesunden Säften verarbeiten, die die meisten Kinder auch ausgesprochen gerne mögen. Sind die Kleinen einmal krank oder haben sie nur wenig Appetit, kann ein Glas Saft Wunder wirken. Hat Ihr Kind bereits eine Vorliebe für Saft, lohnt sich ein Entsafter. Sie können nach Belieben Obst oder Gemüse mit Milch mischen oder Joghurtshakes zubereiten, die Sie mit einem Teelöffel Weizenkeimen, gemahlenen Nüssen oder Samenkörnern verfeinern. (Eine Gemüsesaftmischung eignet sich übrigens auch hervorragend als salzlose Grundlage für Suppen, Eintöpfe und Saucen.)

GEMÜSE

Viele Gemüsesorten können als Salat oder eigenständiges Gericht roh serviert werden. Da Kleinkinder meist von Blattsalat nicht begeistert sind, sollten Sie alternativ z.B. Krautsalat anbieten. Vermischen Sie geriebene Möhren mit Weißkraut und Apfel, geben Sie Mayonnaise und eventuell einige Weintrauben dazu.
Auch kleine Sticks aus rohem Gemüse, etwa Möhren, Sellerie, Paprikaschoten, sind bei den Kleinen sehr beliebt; dazu schmeckt eine cremige Paste aus Kichererbsen oder ein Dip aus Quark und pürierten Tomaten.

OBST

Obst liefert die für Babys und Kleinkinder wichtigen Vitamine (z.B. Vitamin C, Beta-Carotin) und Spurenelemente. Bieten Sie Ihrem Kind neben den herkömmlichen Sorten wie Apfel, Birne und Banane doch auch einmal exotische Früchte an. Man erhält heute in fast jedem Supermarkt Kiwis, Litschis (entsteint), Mangos, Papayas und dergleichen. Leicht zu schälende Orangen, Mandarinen, Satsumas und Clementinen erfreuen sich bei kleinen Kindern ebenfalls großer Beliebtheit. Die Kerne müssen jedoch sorgfältig entfernt werden.

Mit den vielen Obstsorten können Sie eine Speise attraktiv drapieren. Richten Sie die Lebensmittel kontrastreich auf dem Teller an, schneiden Sie die Frucht in einer bestimmten Form auf oder legen Sie Muster. Früchte lassen sich sehr leicht pürieren oder für eine Extraportion Nährstoffe mit Weich-, Hüttenkäse oder Joghurt vermischen.

SICHERHEIT GEHT VOR

- Lagern Sie Obst und Gemüse an einem kühlen Ort oder im Kühlschrank.
- Äpfel, weiche Früchte, Blumenkohl, Brokkoli, Kraut, Kopfsalat, Erbsen und Brunnenkresse bleiben im Kunststoffbeutel aus Polyäthylen besonders frisch.
- Auberginen, Zucchini, Zitrusfrüchte, Paprikaschoten und Tomaten können offen gelagert werden.
- Bananen oder Pfirsiche sollten immer bei Zimmertemperatur weiterreifen.
- Putzen und schälen Sie jedes Wurzelgemüse, um Schmutzreste gründlich zu entfernen.
- Schälen Sie Möhren und Äpfel, die nicht aus ökologischem Anbau kommen.
- Waschen Sie Salat unter fließendem Wasser, auch bereits abgepackten geputzten Salat.
- Achten Sie auf saubere Arbeitsflächen in der Küche.
- Erziehen Sie Ihr Kind dazu, sich vor dem Essen und nach dem Gang auf die Toilette die Hände zu waschen. Gehen Sie mit gutem Beispiel voran.

Leckereien für Kinderpartys

Auf Kinderpartys geht es meistens hoch her, groß und klein amüsiert sich. Richten Sie die Party selbst aus, dann üben Sie sich wieder einmal in Nachsicht, denn ein paar leere Kalorien hier und süße Verlockungen dort bedeuten objektiv gesehen nicht unweigerlich das Ende der Welt. Sie sind zwar nicht besonders nahrhaft, doch ist Ihr Kind ganz gesund und leidet es nicht an Allergien, Diabetes oder Koliken, sollten Sie über die ungesunden Dinge einmal hinwegsehen, die es auf einer Kinderparty ißt. Hat Ihr Kind aus medizinischer Sicht ein Problem, so müssen Sie allerdings sehr genau darauf achten.

3

SÜSSIGKEITEN

Bei einer Kinderparty können die strengen Regeln bezüglich Süßigkeiten einmal vergessen werden. Doch sollte man die kleinen Gäste nicht mit einem riesigen Aufgebot an Süßigkeiten vollstopfen. Eine witzige und gar nicht so ungesunde Alternative stellen z.B. Früchte mit Schokoladenüberzug dar. Bieten Sie doch einmal einen gesunden Möhrenkuchen mit Käsesahnefruchtglasur und Erdbeer-, Kiwi- oder Mandarinenstückchen an. Hatten Sie eher an einen traditionellen Kuchen gedacht, dann empfiehlt sich ein mit zuckerarmer Marmelade bestrichenes Hefeteiggebäck mit Schokoladenguß.

SCHOKOLADENFRÜCHTE

Schneiden Sie gewaschene bzw. geschälte Erdbeeren, Trauben, Äpfel, Bananen oder Birnen in kleine Stücke, schmelzen Sie Schokolade im Wasserbad. Stecken Sie dann die Obststücke auf Holzspieße und tauchen Sie diese in die flüssige Schokolade. Die Spieße im Kühlschrank kalt stellen.

EINE KINDERPARTY VORBEREITEN

Planen Sie die Speisen für eine Kinderparty ebenso wie jedes andere Essen. Ziel ist und bleibt, eine ausgewogene, gesunde Mischung zu offerieren, also neben kohlenhydrathaltigen Nahrungsmitteln auch eiweißhaltige Speisen sowie Obst und Gemüse anzubieten.

■ Ältere Babys und Kleinkinder, die bereits in den Kindergarten gehen, bevorzugen meist belegte Brote. Lassen Sie bei der Gestaltung Ihrer Phantasie und Kreativität freien Lauf. Die Sandwiches können z.B. lustige Formen haben, oder Sie gestalten den Brotbelag in Form eines Gesichts oder Musters.

■ Oder Sie bereiten „Wagenräder“ und Schachbrettmuster zu. Nehmen Sie ein dünn geschnittenes Brot und walzen Sie es mit dem Nudelholz so flach, daß es sich leicht einrollen läßt. Entfernen Sie die Rinde und bestreichen Sie das Brot gleichmäßig mit Butter oder Margarine, dann mit einem cremigen Belag. Bei Kindern besonders beliebt sind Nußcreme, Weichkäse, feingewiegtes Fleisch oder Fisch mit Mayonnaise. Auch hochwertige Schokolade eignet sich als Aufstrich. Rollen Sie dann das Brot wie eine Biskuitrolle auf und schneiden dünne Scheiben ab.

■ Als Dip eignen sich ausgezeichnet Sahne- oder Hüttenkäse, gemischt mit Tomatenmark oder Avocadomus. Dazu passen Reiswaffeln, Kräcker oder Sticks aus rohem Gemüse.

■ Reis- oder Nudelsalate (verwenden Sie kunstvolle Formen wie Schmetterlingsnudeln oder Rädchen) mit kleingeschnittenem Gemüse sind hervorragende Beilagen.

■ Pizza kommt bei Kindern immer gut an und kann mit einer fertigen Teigmischung schnell und einfach zubereitet werden. Bestreichen Sie den Teig mit pürierten Tomaten und belegen Sie ihn dann einfach mit Thunfisch, Mais, Ananas und Paprika.

■ Die kleinen Gäste erwarten vom Gastgeber der Party oft schon ganz selbstverständlich eine Überraschungstüte, die nicht unbedingt nur mit Süßigkeiten gefüllt werden muß. Packen Sie statt dessen Haarspangen, Buntstifte oder kleines Spielzeug und eben nur einen Schokoladenriegel hinein.

Speisepläne

Um den Nährstoffbedarf Ihres Kinds zu decken, geben Sie ihm täglich eine Portion Fleisch bzw. Fisch oder zwei Portionen pflanzliche Eiweißlieferanten (z.B. Hülsenfrüchte), viermal Brot, Getreideflocken, Kartoffeln oder ähnliches, viermal Obst und Gemüse und mindestens 350 ml Milch oder zweimal Milchprodukte wie Joghurt oder Käse.

SPEISEPLÄNE FÜR FLEISCHHALTIGE KOST

	Ein Jahr alt	**2 Jahre alt**	**3 Jahre alt**
Frühstück	Getreide (z.B. Getreideflocken, Haferbrei, spezielles Müsli für Babys) mit Milch; eine Scheibe Brot mit Margarine oder Butter und Obstbrei; Fruchtsaft und/oder ein Stück Obst	Ein gekochtes Ei oder Käseaufschnitt, dazu Brot mit Butter oder Margarine; ein Stück Obst; eine Tasse Milch	Getreideflocken mit Milch; Brot mit leckerem Aufstrich, etwa Nußcreme; Obst, Milch 
Zwischenmahlzeit	Eine Tasse Milch, Zwieback	Wasser; ein Stück Obst	Eine Tasse Milch; Banane
Mittagessen	Nudeln mit Käse, Tomaten und Erbsen; Apfel oder Birne, aufgeschnitten, mit Joghurt; Wasser oder Fruchtsaft	Streichwurst auf Brot; Salat; Aprikosenmus (pürierte Aprikose, mit Frischkäse vermischt); dazu Wasser oder Fruchtsaft	Nudeln mit Käsesauce; gedünstetes Gemüse oder Salat; Obst; dazu Fruchtsaft oder Wasser
Abendessen	Selbstgemachter Fleisch- oder vegetarischer Hamburger mit Möhren, Spinat und Kartoffeln; Milchreis mit Früchten; dazu Wasser oder Fruchtsaft	Eintopf mit Hühnchen oder Linsen und Möhren, Blumenkohl und Reis 	Gebackener Fisch; gedünstete Zucchini, Möhren, Mais; Birne und Milchbrei; dazu Fruchtsaft oder Wasser
Vor dem Schlafen	Eine Tasse Milch	Eine Tasse Milch	Eine Tasse Milch

ZWISCHENMAHLZEITEN

Wenn Ihr Kind ein eher schlechter Esser ist, kann es auch zwischendurch eine Kleinigkeit zu sich nehmen – es sei denn, diese besteht vorwiegend aus Zucker, Salz oder Fett. Bieten Sie Ihrem Kind jedoch gesunde Zwischenmahlzeiten an, ist dagegen nichts einzuwenden. Achten Sie aber darauf, daß es sich nicht regelmäßig an diesen Kleinigkeiten satt ißt und dann die gesunde Hauptmahlzeit stehen läßt.

SPEISEPLÄNE FÜR VEGETARISCHE KOST

Ein Jahr alt	**2 Jahre alt**	**3 Jahre alt**
Frühstück	**Frühstück**	**Frühstück**
Getreide (z.B. Getreideflocken, Haferbrei; Müsli für Babys), dazu Milch; eine Scheibe Brot mit Margarine oder Butter und Obstbrei; Fruchtsaft und/oder ein Stück Obst	Ein gekochtes Ei oder Käseaufschnitt, dazu Brot mit Butter oder Margarine; ein Stück Obst; eine Tasse Milch 	Getreideflocken mit Milch; Brot mit herzhaftem Aufstrich, etwa Nußcreme; Obst, Milch 
Zwischenmahlzeit	**Zwischenmahlzeit**	**Zwischenmahlzeit**
Eine Tasse Milch, Zwieback	Wasser; ein Stück Obst	Eine Tasse Milch
Mittagessen	**Mittagessen**	**Mittagessen**
Nudeln mit Käse, Tomaten und Erbsen; Apfel oder Birne, aufgeschnitten, mit Joghurt; dazu Wasser oder Fruchtsaft	Linsenmus oder Nußcreme auf Brot; Aprikosenmus (pürierte Aprikose, mit Frischkäse vermischt); Wasser oder Fruchtsaft	Folienkartoffel mit Hummus (Kichererbsenpaste); gedünstetes Gemüse oder Salat; Obst; dazu Fruchtsaft oder Wasser
Abendessen	**Abendessen**	**Abendessen**
Selbstgemachter Auflauf aus Linsen und Lauch, Pastinaken und Kartoffel; Milchreis mit Früchten; dazu Wasser oder Fruchtsaft	Klößchen aus Kichererbsen; gedünstete Zucchini, Möhren, Mais 	Bohneneintopf mit Möhren, Blumenkohl und Reis; Banane und Milchbrei; dazu Fruchtsaft oder Wasser
Vor dem Schlafen	**Vor dem Schlafen**	**Vor dem Schlafen**
Eine Tasse Milch 	Eine Tasse Milch	Eine Tasse Milch

Mögliche Probleme

Die meisten Probleme, die jetzt auftauchen, etwa Herummäkeln an Speisen oder Verlangen nach besonderen Nahrungsmitteln, haben oft nur vermeintlich etwas mit dem Essen zu tun. Häufig geht es dabei eher um das wachsende Bedürfnis eines Kleinkinds nach Unabhängigkeit. Kleine Kinder baden sich geradezu in der ihnen entgegengebrachten Aufmerksamkeit, die ihren Ursprung natürlich in der elterlichen Sorge über sein Eßverhalten hat. Am besten betrachten Sie das Verhalten wählerischer und mäkelnder Kinder als normale Entwicklung und lassen diese Phase ruhig und gelassen vorüberziehen.

KLEINE KLECKERMÄULER

Für Kleinkinder ist es völlig normal, mit dem Essen zu spielen, weil sie es so erforschen können. Sie nehmen es in ihre Hände, schmieren es an ihre Kleider oder den Stuhl und unterscheiden es nicht von anderem Spielzeug. Sie wollen es entdecken und damit spielen. Entscheidender ist hier die Tatsache, daß kleine Kinder in diesem Alter zwar bereits geschickter sind und eine bessere Hand-Augen-Koordination entwickelt haben, daß Essen für sie aber immer noch ein höchst anspruchsvolles Unterfangen darstellt. Sauberes und ordentliches Essen ist für sie weniger wichtig, als Spaß dabei und Geschmack daran zu haben. Sie können von einem 12monatigen Baby nicht erwarten, mit Messer und Gabel perfekt umzugehen, doch bereits im Alter von 3 Jahren kann das Kind dann meist sein Besteck richtig benutzen und ordentlich essen.

Sie sollten so lange eine Tasse mit Aufsatz verwenden, bis Ihr Kind selbst vernünftig aus einer Tasse trinken kann (etwa im Alter von 20 Monaten).

Beginnt ein Kleinkind am Ende einer Mahlzeit mit dem Essen herumzuspielen, gibt es oft nur seiner Langeweile Ausdruck, es hat einfach genug. In diesem Fall sollten Sie Ihr Kind aufstehen lassen und nicht allzu überrascht sein, wenn es nach einiger Zeit wiederkommt und weiteressen möchte.

RITUALE BEIM ESSEN

Kleinkinder gewöhnen sich häufig etwas an, auf dem sie dann hartnäckig beharren: Sie essen z.B. ein bestimmtes Nahrungsmittel nur dann, wenn es auf eine ganz spezielle Art zubereitet wurde, oder trinken ausschließlich aus ihrer Lieblingstasse. Die Kinder bekommen regelrechte Wutanfälle, wenn man dagegen angeht. Dieses Benehmen ist allerdings meist harmloser Natur, vorausgesetzt, die Kinder gehen in ihrem Verhalten nicht zu weit. Bleibt es allerdings bei harmlosen Vorlieben, sollte man darüber hinwegsehen und sie erfüllen. Spüren Sie, daß Ihr Kind anfängt, für etwas eine Vorliebe zu entwickeln, das Sie persönlich aber als Belastung empfinden, so versuchen Sie, das Verhalten im Anfangsstadium in eine andere Richtung zu lenken und dadurch abzuwenden. Weitere Hinweise zum Umgang mit bekannten Problemen wie der Nahrungsverweigerung oder sehr wählerischen Kindern finden Sie in Kapitel 4.

ESSVERHALTEN

Sobald Kleinkinder sich ihrer eigenen Persönlichkeit bewußt werden, entwickeln sie meist zugleich spezifische Vorlieben für oder starke Abneigungen gegen bestimmte Speisen. Sie möchten für sich selbst entscheiden, wie oder wo sie essen. In diesem Alter sind seltsames Eßverhalten und Mäkeligkeit bis hin zur totalen Verweigerung bestimmter Nahrungsmittel völlig normal. Versuchen Sie ruhig zu bleiben. Denken Sie immer daran: Gesunde kleine Kinder verhungern nicht am gedeckten Tisch – sie nehmen genau die Mengen zu sich, die sie brauchen. Wenn Ihr Kind bestimmte gesunde Kost verschmäht, bieten Sie ihm einfach einen ebenso nahrhaften Ersatz an. Die meisten Kleinkinder essen in der Regel sowieso lieber über den Tag verteilt kleinere Portionen als drei große Hauptmahlzeiten.

Nahrungsverweigerung

Kleinkinder durchlaufen immer wieder Phasen, in denen sie an einigen Speisen herummäkeln. Auf einmal schmeckt ihnen das bisherige Lieblingsessen nicht mehr, oder sie wollen überhaupt keine neuen Gerichte ausprobieren und essen nur noch ganz bestimmte Lebensmittel. Wenn man die Ursachen dafür kennt, kann man leichter damit umgehen.

ABLAUF DER MAHLZEITEN

Je älter die Kinder werden, desto lieber sitzen sie wie die anderen Familienmitglieder auf einem normalen Stuhl und lehnen den Kinderstuhl ab. Oft langweilen sie sich auch bei Tisch, insbesondere, wenn sie es bisher nicht gewohnt waren, zusammen mit der Familie zu essen. Erlauben Sie deshalb Ihrem Kind aufzustehen, sobald es mit dem Essen fertig ist. Kleinere Kinder lassen sich bei Tisch zudem sehr leicht ablenken. Stellen Sie deshalb beim Essen den Fernseher ab und räumen Sie zuvor alle Spielsachen weg. Viele Kinder reagieren häufig frustriert, wenn es ihnen nicht gelingt, selbständig zu essen, oder wenn sie gefüttert werden, obwohl sie alleine essen wollen.

WARUM SO WÄHLERISCH?

Es ist nicht genau bekannt, warum wir Erwachsenen für manche Lebensmittel eine Vorliebe entwickeln und andere dagegen ablehnen. Bei Kleinkindern sind die Gründe offenkundiger:

4

- **Geschmack:** Da Mutter- und Fertigmilch süß schmecken, entwickeln Kleinkinder nach der Umstellung zuerst eine Vorliebe für Süßes und bevorzugen süß schmeckende Lebensmittel wie Möhren. Weniger gern essen sie Weißkohl, Rosenkohl, Brokkoli oder Blumenkohl. Vermischen Sie am besten anfangs süß schmeckende mit anderen Lebensmitteln und verändern Sie einfach nach und nach das Mischungsverhältnis. Meistens stellen sich gestillte Babys schneller auf andere Geschmacksrichtungen ein, da sie mit ihnen bereits durch die Muttermilch Erfahrungen gesammelt haben.

- **Geruch:** Unsere Zunge kann die vier Grundgeschmacksrichtungen süß, sauer, salzig und bitter ausmachen. Den tatsächlichen Gesamtgeschmack einer Speise nehmen wir hauptsächlich über die Geruchsnerven auf. Sind diese jedoch, z.B. durch eine Erkältung, beeinträchtigt, schlägt sich das sofort auf unser Geschmacksempfinden nieder. Deshalb lehnen Kleinkinder, die erkältet sind, oft alles ab, was man ihnen anbietet. Generell mögen Kinder extrem stark riechende Nahrungsmittel wie Knoblauch oder Zwiebeln nicht so gerne.

- **Konsistenz:** Häufig lehnen Kleinkinder und jüngere Kinder sehniges, schwer zu kauendes Fleisch, glitschige, schleimige Nahrungsmittel, aber auch Fäden ziehendes, matschig gekochtes Gemüse ab. Solange sie noch nicht mit Klumpen oder größeren Brocken in der Nahrung zurechtkommen, essen sie zumindest anfänglich nur Brei oder Mus. Versuchen Sie es daher zuerst mit sahnigen, cremigen Produkten wie Joghurt oder Suppe.

HÄUFIGE PROBLEME

Problem	Lösung
Verweigert Gemüse	In diesem Alter lehnen Kinder Gemüse, vor allem grünes Blattgemüse, häufig ab. Ersetzen Sie z.B. Kohl durch eine ebenso nahrhafte Gemüsesorte. Streichen Sie verschmähte Gemüsesorten vorübergehend vom Speiseplan und bieten Sie sie dann wieder an. Probieren Sie auch einmal neue Arten der Zubereitung aus. Vermischen Sie z.B. knackigen, fein geraspelten Kohl mit geriebenen Möhren und geriebenem Apfel und servieren Sie das Ganze mit einem herzhaften Dip. Auch Zucchinistreifen und Babymais kommen meist gut an. Oder Sie reichen Käsesauce zum Gemüse und servieren Nudeln als Beilage. Wenn sich Ihr Kind dennoch weigert, Gemüse zu essen, ersetzen Sie es durch möglichst viel frisches Obst und sprechen Sie mit Ihrem Arzt über ein geeignetes Vitaminergänzungspräparat.
Verweigert Fleisch	Kleine Kinder weigern sich oft, zähes rotes oder generell Fleisch zu essen. Versorgen Sie in diesem Fall Ihr Kind mit den notwendigen Proteinen, indem Sie Käse, Joghurt, Eier, Hülsenfrüchte und Sojaprodukte anbieten. Eine Extraportion Eiweiß liefern Pfannkuchen aus Milch, Eiern und einem Löffel Weizenkeimen, Nudeln mit Käsesauce oder schmackhaft zubereitete Linsen mit Reis. Sie sollten Ihr Kind nie dazu zwingen, Fleisch zu essen – irgendwann kommt es selbst auf den Geschmack, spätestens, wenn es probieren will, was die anderen Familienmitglieder essen.
Ißt nur Fertignahrung	Manche Kleinkinder ziehen eher fad schmeckende Fertignahrung den liebevoll eigenhändig zubereiteten Speisen vor. Mischen Sie in diesem Fall frische Zutaten unter die Fertignahrung und wählen Sie diese sorgfältig aus: Mit fettarmen Würstchen, Kartoffeln und Thunfisch aus der Dose können Sie Ihr Kind bestimmt aus der Reserve locken.
Verweigert Milch	Durch Milch können Sie Ihr Kind bequem mit ausreichend Eiweiß und Calcium versorgen. Wenn Ihr Kind jedoch keine Milch trinkt, dann rühren Sie einfach Saucen oder Speisen wie Kartoffelbrei, Pfannkuchen oder Rühreier damit an. Reichen Sie zum Frühstück Getreideflocken, bereiten Sie schmackhafte Milchshakes oder Joghurtspeisen zu.

Im Hungerstreik

Wenn Kinder plötzlich sehr wählerisch werden und zu den Mahlzeiten nichts mehr essen wollen, spricht man häufig von „Hungerstreik". Eine absolute Nahrungsverweigerung tritt jedoch sehr selten und meist nur im Verlauf von Erkrankungen auf. Schwindender Appetit ist häufig allerdings nur ein Anzeichen dafür, daß sich im 2. und 3. Lebensjahr die Gewichtszunahme auf natürliche Weise vermindert. Und es ist völlig klar, daß ein aktives Kleinkind beim Spielen nicht durch langweiliges Essen gestört werden will.

IST MEIN KIND UNTERERNÄHRT?

Auch wenn Kleinkinder am besten durch eine abwechslungsreiche und ausgewogene Kost mit den lebensnotwendigen Nährstoffen versorgt werden, brauchen Sie sich keine Sorgen zu machen, wenn Ihr Kind scheinbar immer das gleiche ißt. Beachten Sie nur, daß es alle Nährstoffe in ausreichendem Maß erhält. Kinder im Wachstum mit einem für ihr Alter normalen Gewicht essen genau das, was der Körper braucht. Um ganz sicher zu gehen, können Sie bei Ihrem Arzt nachfragen, ob ein Vitaminergänzungspräparat notwendig ist.

TAGEBUCH FÜHREN

Wenn Sie meinen, daß Ihr Kind nicht ausreichend ißt, sollten Sie über ein bis zwei Wochen ein Ernährungstagebuch führen. Schreiben Sie alles auf, was es ißt, vergessen Sie nicht die Milch und die Kleinigkeiten zwischen den Mahlzeiten. Sie werden entdecken, daß Ihr Kind wesentlich mehr „verputzt", als Sie angenommen haben, wenn auch meistens „zwischendurch". Auf lange Sicht sollte ständiges Naschen zwar vermieden werden, auf kurze Sicht jedoch ist es unbedenklich, solange dabei gesunden Snacks der Vorzug gegeben wird (siehe Seite 92–93). Reduzieren Sie gezuckerte, gesalzene und fette Zwischenmahlzeiten auf ein Minimum, bieten Sie gesunde Leckereien an.

4

WENN'S DEN APPETIT VERSCHLÄGT

Kinder reagieren auf Aufregungen und Spannungen auch mit verändertem Eßverhalten. Solche Aufregungen können sich buchstäblich auf den Magen schlagen. Einige Kinder essen dann ganz bewußt nicht mehr, um Aufmerksamkeit zu erlangen. Außerdem sind Mahlzeiten unerwünschte Unterbrechungen bei der Lieblingsbeschäftigung Spielen.

Je mehr Zeit Sie mit dem Kochen verbringen, desto enttäuschter werden Sie sein, wenn Ihr Kind nicht essen will. Halten Sie die Gerichte so einfach wie möglich, richten Sie sie schön und appetitlich an und bleiben Sie vor allem ruhig, wenn Ihr Kind um keinen Preis essen will.

Warnung

In einigen wenigen Fällen kann Nahrungsverweigerung zu Wachstums- und Entwicklungsstörungen führen. Wächst ihr Kind plötzlich nicht mehr oder nimmt es gar ab, ist es häufig teilnahmslos und müde, zeigt es kein Interesse an Spielen oder anderem Zeitvertreib, sollten Sie unbedingt einen Arzt konsultieren,

TIPS BEI SCHLECHTEN ESSERN

- Das Auge ißt mit – richten Sie das Essen hübsch an und achten Sie darauf, daß der Eßplatz immer sauber und einladend aussieht.
- Verwenden Sie helles Geschirr und bunte Sets.
- Halten Sie die Portionen klein. Zu große Portionen erscheinen schlechten Essern als unüberwindliche Aufgabe und verderben von vornherein den Appetit.
- Servieren Sie bei jeder Mahlzeit zumindest eine Lieblingsspeise.
- Lassen Sie Ihr Kind bei der Vorbereitung mithelfen oder zusehen. Erlauben Sie ihm mitzubestimmen, indem es z.B. die Beilage für das Familienessen aussuchen darf.
- Machen Sie nicht zuviel Wirbel um neue Gerichte. Ist Ihr Kind extrem empfindlich, verstecken Sie Neues unter Altbewährtem, mischen Sie z.B. Möhren mit Kartoffeln.
- Versprechen Sie keine Süßigkeiten als Ersatz oder als Belohnung für „braves" Essen. Es mag auf den ersten Blick zwar sinnvoller scheinen, daß Kinder lieber Kekse als gar nichts essen, doch langfristig können Mangelerscheinungen die Folge sein.
- Beim Essen spielt auch der richtige Zeitpunkt eine große Rolle. Ihr Kind sollte also weder zu hungrig noch zu müde sein.
- Bieten Sie Abwechslung bei den Mahlzeiten: ein Picknick im Grünen, ein Abendessen im Puppenhaus oder die Party für den Teddy. Auch einmal auswärts im Restaurant oder bei Freunden zu essen macht mehr Spaß, als die Mahlzeiten immer nur in den eigenen vier Wänden einzunehmen.
- Denken Sie daran: Kinder ändern ihren Geschmack schnell und oft. Lehnt Ihr Kind plötzlich ein bestimmtes Nahrungsmittel ab, dann bieten Sie eine kleine Portion davon in gewissen Zeitabständen wieder an.

TISCHMANIEREN

Im Gegensatz zu früher nimmt die gemeinsame Mahlzeit am Tisch heute einen geringeren Stellenwert ein. Entsprechend wird auch auf Tischmanieren weniger Wert gelegt. Trotzdem sollten Sie bereits beim Kleinkind für die Einhaltung einiger Regeln sorgen – denn lernt ein Kind nicht frühzeitig, daß es z.B. nicht unter dem Tisch herumkriechen oder Speisen von anderen Tellern stibitzen oder Geschirr auf den Boden werfen darf, dann kann man dies auch später nicht einfach von ihm erwarten. Bringen Sie Ihrem Kind behutsam Tischmanieren bei und erziehen Sie es nicht nur in Sachen Tischsitten zu gutem Benehmen.

EINFACHE GRUNDREGELN

Am einfachsten bringen Sie Ihrem Kind Tischmanieren bei, wenn Sie es im Kreis der Familie mitessen lassen und Sie selbst mit gutem Beispiel vorangehen. Bleiben Sie immer ruhig, geben Sie so wenig Anweisungen wie möglich, denn die Mahlzeiten sollten fröhlich verlaufen. Wenn Sie Ihr Kind dagegen ständig maßregeln, entstehen Spannungen, die wiederum zu Trotzverhalten führen.

TIPS ZUR ERZIEHUNG BEI TISCH

- Stellen Sie nur wenige, einfach einzuhaltende „Muß"-Regeln auf.
- Bleiben Sie konsequent. Wenn Sie ein bestimmtes Verhalten an einem Tag verbieten und am nächsten erlauben, weiß Ihr Kind nicht, woran es ist.
- Gehen Sie mit gutem Beispiel voran. Essen Sie selbst mit dem Teller auf den Knien vor dem Fernseher, können Sie vom Kind nicht erwarten, brav am Tisch zu sitzen.
- Benimmt sich Ihr Kind einmal weniger gut, sollten Sie sich zuerst fragen, ob sein Verhalten denn wirklich so schlimm war. Entscheiden Sie erst dann, ob überhaupt näher darauf eingegangen werden sollte.
- Bringen Sie Ihrem Kind behutsam bei, daß, je nachdem, mit wem, wo und wie man ißt, ein unterschiedliches, der Situation angemessenes Verhalten notwendig sein kann.

ANDEREN GEFALLEN

Bisweilen wird ein bestimmtes Verhalten nur dann als problematisch angesehen, weil Außenstehende das Kind deswegen maßregeln. Bleiben Sie unbedingt objektiv und realistisch: Ein einjähriges Kind kann einfach noch nicht mit geschlossenem Mund kauen – außerdem sollte dies auch nicht so wichtig sein.

Zudem hat sich die Einstellung zu vielen Dingen geändert. Auch wenn viele Tischmanieren vernünftig sind, gibt es dennoch einige veraltete Regeln: Es besteht z.B. kein Grund, ein Kind dazu zu zwingen, seinen „Teller leer zu essen". Fordert man ein Kind immer wieder dazu auf, aufzuessen, kann dies kurzfristig zu totaler Nahrungsverweigerung und langfristig zu Eßstörungen führen.

WENN TISCHMANIEREN ZUM PROBLEM WERDEN

Vergessen Sie nie Alter und Entwicklungsstadium Ihres Kindes. Mit einem Jahr ist es völlig normal, wenn es in Erwartung des Essens mit dem Löffel auf sein Tischchen hämmert, bei einem 3jährigen sieht die Sache allerdings schon anders aus. Je älter Ihr Kind wird, desto mehr sollten Sie ihm den Grund für Tischmanieren erklären. Versteht es erst einmal, warum es dies oder jenes nicht tun soll, so wird es die Regeln auch einhalten.

Wenn Kinder müde, hungrig oder krank sind, dann läßt ihr Benehmen zu wünschen übrig. Sie äußern ihren Ärger lautstark, wenn es ihnen nicht gelingt, sich adäquat auszudrücken. Sobald sie sich ab dem Alter von etwa 18 Monaten besser artikulieren können, verschwinden diese Wutausbrüche meist von selbst. Sie sollten immer versuchen, das individuelle Problem zu verstehen.

SCHLECHTES BENEHMEN KORRIGIEREN

Wenn Sie Ihr Kind ermahnen, sollten Sie ihm klar und deutlich erklären, was Sie von ihm erwarten. Eine Aussage wie „sei nicht so ungezogen“ bedeutet für ein Kleinkind gar nichts – es kann sie nicht einordnen, weiß nicht, was „ungezogen“ bedeutet. Der Hinweis „warte einen Moment“ ist für ein kleines Kind ebenfalls nicht zu begreifen, da es noch kein Zeitgefühl hat. Am meisten erreicht man immer durch Lob, Bestrafung dagegen bringt wenig. Benimmt sich Ihr Kind also gut, so loben Sie es ausdrücklich. Denken Sie auch immer daran: Taten sagen mehr als große Worte. Wirft Ihr Kind also z.B. seinen Teller frustriert auf den Boden, heben Sie ihn ruhig auf und erklären dann die Mahlzeit für beendet. Ihr Kind lernt so, daß sein Verhalten nicht tragbar ist.

Wichtig bei allen Regeln ist, daß sie realistisch und dem Alter und Entwicklungsstadium des Kindes angemessen sind. Ein- bis 2jährige sind kleine Energiebündel, die nicht lange still sitzen können. Verlangen Sie dies deshalb auch nicht von ihnen, sondern erlauben Sie Ihrem Kind aufzustehen, wenn es mit dem Essen fertig ist. Im Restaurant kann es allerdings erforderlich sein, daß es einmal länger sitzen bleiben muß. Nehmen Sie deshalb immer Bilderbücher oder Spielzeug mit, um die Wartezeit zu überbrücken.

Rund und gesund?

Gesunde Babys, die nach Appetit essen und trinken dürfen, nehmen in der Regel genau die Nahrungsmenge zu sich, die sie benötigen. Kleinkinder, die gerade von der Mutterbrust oder der Flasche entwöhnt wurden, essen häufig plötzlich mehr, da sie nun nicht mehr so viele Kalorien durch die Milch erhalten. Auch bei Wachstumsschüben oder wenn sie zu laufen beginnen verbrennen Kinder zeitweise mehr Kalorien. Man muß jedoch genau unterscheiden, ob ein Kind gerade eine Phase durchlebt, in der es verstärkt Appetit verspürt, oder ob es ständig etwas zum Knabbern braucht. Ißt Ihr Kind tagaus, tagein vor sich hin, wird es bald für sein Alter und seine Größe zuviel wiegen.

ÜBERGEWICHT UND FETTLEIBIGKEIT

Übergewichtige Kinder nehmen mehr Kalorien zu sich, als sie durch Aktivität verbrennen. Diese überflüssigen Kalorien werden in Form von Fett im Körper eingelagert. Obwohl alle Kinder von Zeit zu Zeit mehr essen als sie brauchen, sind nicht alle übergewichtig oder gar fettleibig (also extrem übergewichtig). Die Tendenz zum Dickwerden liegt häufig in der Familie; sollten also Sie oder Ihr Partner übergewichtig sein, trägt Ihr Kind ein höheres Risiko, ebenfalls dick zu werden. (Die Wahrscheinlichkeit, daß ein Kind eines übergewichtigen Elternteils dick wird, liegt bei 40 Prozent, sind beide Eltern übergewichtig, bei 80 Prozent.) Es ist nicht genau bekannt, ob dafür eine erblich bedingte Tendenz zur Bildung zusätzlicher Fettzellen verantwortlich ist oder Kinder die Eßgewohnheiten ihrer Eltern und deren Einstellung zu Sport und Bewegung übernehmen. Liegt also Dickleibigkeit in Ihrer Familie, sollten Sie ganz besonders darauf achten, was Ihr Baby zu essen bekommt.

WAS TUN BEI ÜBERGEWICHT?

Positiv ist:

- Mit gutem Beispiel voranzugehen und sich selbst gesund zu ernähren.
- Dem Kind immer eine große Auswahl an Obst und Gemüse anzubieten.
- Ihrem Kind ausreichend Möglichkeiten zu geben, aktiv zu sein. Lassen Sie es im Garten herumtollen, schicken Sie es zur Spielgruppe, so daß es mit anderen Kindern toben kann. Werden Sie selbst aktiv.
- Mit einem Arzt zu sprechen, wenn keiner der oben genannten Ratschläge Erfolg zeigt. Dieser kann Sie an einen Ernährungsexperten vermitteln, der für das Kind eine geeignete Diät ausarbeitet. Eine Diät sollte nie ohne ärztliche Aufsicht durchgeführt werden.

Negativ ist:

- Fettes Essen wie Pommes frites oder Chips. Entfernen Sie auch vom Fleisch das Fett. Gerichte nicht fritieren oder mit viel Fett braten.
- Darauf zu bestehen, daß der Teller leergegessen wird.
- Eine Extraportion Zucker ins Getränk oder ins Essen zu geben.
- Fett hinzuzufügen: Butter und Margarine sollten nur in geringen Maßen gegeben werden. Verwenden Sie als Aufstrich alternativ eine zerdrückte Banane oder Erdnußbutter.
- Kalorienbomben zwischen den Mahlzeiten. Geben Sie Ihrem Kind zwischendurch lieber einen Apfel oder eine Karotte.

ÜBERGEWICHT BEI BABYS

Ein übergewichtiges Baby beginnt später als seine normalgewichtigen Altersgenossen zu krabbeln, zu sitzen und zu laufen, da die kleinen Beinchen das Körpergewicht nicht so leicht tragen können. Dickleibige Kinder sind zudem wesentlich anfälliger für Atemwegserkrankungen. Auch wenn die meisten rundlichen Babys zu normalgewichtigen Kindern heranwachsen, so bleiben einige doch bis ins Erwachsenenalter hinein zu dick. Am besten bewahren Sie Ihr Kind vor Übergewicht, wenn Sie von Anfang an auf richtiges Eßverhalten und eine ausgewogene Ernährung achten. Die meisten Kinder essen von sich aus sehr ausgewogen, sofern man sie mit gesunder, nahrhafter Kost versorgt, proteinhaltige Speisen, Getreideprodukte, Obst und Gemüse reicht und fetthaltige oder gezuckerte Nahrungsmittel auf ein Minimum beschränkt.

CHARAKTERISTISCHE VERHALTENSMUSTER

Die für übermäßiges Essen typischen Verhaltensmuster werden oft bereits im Babyalter festgelegt; z.B. wirkt sich sehr frühes Zufüttern fester Kost auf das spätere Eßverhalten eines Kinds aus. Es prägt Kinder auch stark, wenn Eltern Essen als Trostspender, Ablenkung oder gar eine Art Liebesbeweis benutzen. Manche Eltern setzen ihren Kindern nur deshalb zuviel vor, um sie für die mangelnde Aufmerksamkeit zu entschädigen. Es gibt aber auch Kinder, die ihren Eltern zuliebe alles aufessen, obwohl sie gar nicht hungrig sind.

4

Probleme beim Entwöhnen

In den ersten Lebensmonaten ist die Mutterbrust oder die Flasche die einzige Nahrungsquelle für das Baby. Wird nun ein gesundes 12monatiges Kind, das bereits feste Nahrung zu sich nimmt, immer noch gestillt oder mit der Flasche gefüttert, so dient dies wohl oft der eigenen Bequemlichkeit. Fachleute sind der Meinung, daß die Brust oder die Flasche nicht länger als ein Jahr gegeben werden sollte, danach sollten die Kinder lernen, aus dem Glas oder der Tasse zu trinken. Je länger Sie sich in diesem Stadium mit der Umstellung Zeit lassen, desto schwieriger wird sie, da die Kinder einen immer stärkeren Willen entwickeln und nicht mehr so leicht nachgeben.

ABSTILLEN

Geben Sie im Abstand von mindestens einigen Tagen jeweils eine Stillmahlzeit auf. Dieses behutsame, schrittweise Abstillen belastet Ihr Kind und Sie weniger, da es bei plötzlichem Abstillen zu einem Anschwellen der Brüste oder gar zu Entzündungen kommen kann. Fühlen Sie sich selbst wohl dabei, Ihr Kind auch noch bis ins 2. oder sogar 3. Lebensjahr hinein zu stillen, spricht im Prinzip nichts dagegen; viele Babys empfinden dies als sehr angenehm.

Versuchen Sie, während der Phase des Abstillens Situationen zu vermeiden, in denen Sie Ihr Baby normalerweise gestillt hätten. Haben Sie bisher vormittags nach dem Schmusen auf der Couch gestillt, schauen Sie sich statt dessen zusammen ein Bilderbuch an.

DIE FLASCHE UND KEIN ENDE

Wenn Ihr Kind ein Jahr alt ist, spricht einiges dagegen, ihm weiterhin die Flasche zu geben. Das Nukkeln an der Milchflasche verdirbt den Appetit auf andere Speisen und erschwert es somit, dem Kind eine ausgewogene Ernährung zu bieten. Auch können die Milchzähne bis hin zum Zahnverlust angegriffen und die Entwicklung des Mundraums negativ beeinflußt werden. Sind die Milchzähne erst einmal kariös, hat das gravierende Folgen (siehe Seite 48–49). Zudem sind Kinder, die länger als ein Jahr mit der Flasche gefüttert werden, anfälliger für Ohrenentzündungen.

TIPS FÜR DAS ENTWÖHNEN

- Babys sollten das Stillen oder Fläschchentrinken nicht als einzigen Ausdruck Ihrer Liebe und Zuwendung verstehen. Bieten Sie Ihrem Baby daher auch während des Entwöhnens engen Körperkontakt, schenken Sie ihm viel Aufmerksamkeit und schmusen Sie ausgiebig mit ihm.
- Bleiben Sie beharrlich, auch wenn Ihr Baby von der Brust oder der Flasche nicht lassen will.
- Schaffen Sie es nicht, Ihr Baby ganz zu entwöhnen, dann stillen Sie oder geben Sie die Flasche einfach noch ein wenig länger. Reduzieren Sie langsam nach und nach. Bieten Sie Ihrem Kind zwischen und zu den Mahlzeiten Getränke in einer Tasse an, und geben Sie die Brust oder die Flasche nur noch vor dem Schlafengehen.
- Lassen Sie Ihr Kind beim Spielen nicht mit der Flasche herumlaufen. Räumen Sie sie nach dem Füttern weg und lassen Sie sie nicht herumstehen. Verbieten Sie Ihrem Kind, daß es auf der Suche nach der Brust einfach Ihren Pullover hochzieht.

ZAHNPROBLEME

Sobald beim Baby der erste Zahn erscheint, sollten Sie das Zahnfleisch mit Gaze, auf die Sie sehr wenig fluorhaltige, für Milchzähne geeignete Zahnpasta gegeben haben, vorsichtig säubern. Sind die ersten Zähne da, kann eine Kinderzahnbürste gekauft werden. Unregelmäßiges, nicht ausreichendes Zähneputzen führt zusammen mit übermäßigem Zuckergenuß zu Karies. Die Ausrede, daß Milchzähne ja wieder ausfallen, zählt nicht, denn bestenfalls leiden die Kinder nur unter Zahnschmerzen, im schlimmsten Fall müssen die Zähne gezogen werden. Dies wiederum kann eine Fehlstellung der nachfolgenden Zähne zur Folge haben. Zudem wird man schlechte Angewohnheiten bekanntlich nur schwer wieder los. Die Mühe lohnt sich also, bereits kleinen Kindern eine gründliche Zahnpflege beizubringen. Sobald die Kinder alt genug sind und einige Zeit stillhalten können, stellt man sie beim Zahnarzt vor. Nur so gewöhnen sie sich frühzeitig daran und fühlen sich bestätigt, wenn der Zahnarzt die gute Pflege lobt.

4

Bewährte Tips

Alle Eltern möchten, daß ihr Baby wächst und gedeiht. Viele setzen dies mit gesundem Appetit auf nahrhaftes Essen gleich. Doch hier muß das rechte Augenmaß beibehalten werden. Jedes Kind hat bestimmte Vorlieben und Abneigungen und ist ab und zu launisch. Im Verhältnis zu Ihrem Kind sollte das Essen niemals zu einem Problempunkt werden.

1 Erwarten Sie nicht zuviel. Alle Kinder durchlaufen Phasen, in denen sie launisch und unfolgsam sind. Je mehr Sie sich darüber ärgern und aufregen, desto schlechter wird die Stimmung. Je mehr Gelassenheit Sie also ausstrahlen, desto schneller ziehen die dunklen Wolken wieder ab.

2 Vergleichen Sie Ihr Kind niemals mit seinen Altersgenossen und geben Sie nicht zuviel auf die Geschichten aus Ihrer Kindheit oder der Ihres Partners.

3 Geben Sie nicht zu schnell auf. Bleiben Sie konsequent bei der Durchsetzung Ihrer einmal gefaßten Vorsätze. Hatten Sie das Thema Flasche für beendet erklärt, so bleiben Sie dabei.

4 Achten Sie auf den richtigen Zeitpunkt. Ist Ihr Kind müde oder hungrig, aufgeregt oder unglücklich, sollten Sie eine Veränderung im gewohnten Eßverhalten lieber verschieben.

5 Sorgen Sie für Abwechslung. Eine andere Umgebung lenkt ab und wirkt oft Wunder, sei es ein Picknick im Grünen oder ein Essen bei Freunden.

6 Zwingen Sie Ihr Kind niemals dazu, etwas Bestimmtes zu essen. Verzichten Sie auf Erpressung oder gutes Zureden. Phrasen wie „noch einen Löffel für Papa“ sollten tabu sein.

7 Spüren Sie wachsende Besorgnis bei Eßproblemen Ihres Kindes, versuchen Sie objektiv zu bleiben. Überlegen Sie in Ruhe, ob das Problem wirklich so gravierend ist.

8 Der Mittagstisch darf nicht zum Schlachtfeld werden. Die Mahlzeiten sollten fröhlich und entspannt verlaufen. Kommt es spürbar zu Spannungen, dann durchbrechen Sie die tägliche Routine, indem Sie auswärts essen gehen oder dem Kind die Zusammenstellung der Gerichte überlassen.

Auswärts essen

Die wenigsten Familien nehmen sämtliche Mahlzeiten ausschließlich in den eigenen vier Wänden ein. Restaurantbesuche werden heute immer selbstverständlicher; zudem macht es Spaß, Freunde und Verwandte zu besuchen, auch wenn diese etwas weiter entfernt leben, und Reisen gestalten sich heutzutage so unproblematisch, daß Essen außer Haus für uns mittlerweile zur Alltäglichkeit geworden ist. Je früher man kleine Kinder also daran gewöhnt, desto besser. Sie sammeln dadurch viele Erfahrungen, können neue Speisen und Situationen kennenlernen, ihre Tischmanieren üben und aus einer Speisekarte auswählen. Zudem wissen sie es durchaus zu schätzen, wenn auch die Eltern entspannt am Tisch sitzen.

Praktische Utensilien

Wer viel zusammen mit seinem Baby unternimmt, kann sich das Leben durch die richtige Ausstattung wesentlich erleichtern. Inzwischen gibt es zahlreiche praktische Utensilien (etwa Wegwerfartikel), die helfen, daß die Mahlzeit außer Haus für alle Beteiligten zum Genuß wird. Wenn Sie also viel mit Ihrem Kind unterwegs sind, lohnen sich einige Investitionen.

UNTERWEGS MIT BRUSTKINDERN

Hier brauchen Sie natürlich keine besonderen Vorkehrungen zu treffen. Denken Sie jedoch daran, ein Tuch mitzunehmen, damit das Baby beim Trinken abgeschirmt werden kann. Viele Frauen schätzen die praktischen Stilleinlagen, die ein Durchnässen verhindern (insbesondere in den ersten Wochen). Ist eine mehrstündige Trennung vom Baby erforderlich, so empfiehlt es sich, die Milch abzupumpen und in Fläschchen abzufüllen.

Warnung!

Warme Milch oder warmes Essen **nie** in Thermoskannen aufbewahren! Sie bilden den idealen Nährboden für Bakterien, die eine Lebensmittelvergiftung verursachen können.

UNTERWEGS MIT FLASCHENKINDERN

Für Flaschenkinder reicht ein Set mit Flaschen und Saugern, eine Kühltasche oder eine Picknickbox mit Kühlelementen sowie eine Thermoskanne mit warmem Wasser zum Erwärmen der Flaschen. Als sehr nützlich für unterwegs haben sich Flaschen mit auslaufsicherem Schnappverschluß erwiesen. Es gibt zudem Einwegfüttersets, die aus einer Box und mehreren Einwegbeuteln mit entsprechendem Behältnis, in das die Milch abgefüllt wird, bestehen. Dazu gehört auch eine sterile Saugerbox, in die genau ein Sauger hineinpaßt, der dann bis zu 24 Stunden steril bleibt.

Ebenfalls empfehlenswert sind eine Isoliertasche, in die normalerweise ein oder zwei Fläschchen mit Milch, Saft oder Brei passen, sowie ein Gläschen- und Flaschenwärmer, der einfach an einer Steckdose angeschlossen wird und in dessen Lieferumfang oft ein komplettes Fütterset enthalten ist. Dieses ideale Utensil dient zum Warmhalten bzw. Erwärmen von Babynahrung.

5

WÄHREND DER ENTWÖHNUNG

In den ersten Monaten des Entwöhnens benötigen Sie neben der Grundausstattung noch geeignete Löffel, Schälchen und am besten ein sogenanntes Entwöhnungsset. Sehr zu empfehlen sind Einmallätzchen mit wasserabweisender Beschichtung, insbesondere wenn Ihr Baby die erste Beikost erhält. Gut geeignet sind Lätzchen, die zum Schutz der Kleidung mit Klebestreifen an Schulter und Taille festgemacht werden und eine integrierte Krümeltasche haben. Notwendig sind auch geeignete Schälchen, Trinkgefäße und Besteck, wobei wohl am besten in ein Reiseset aus Kunststoff investiert werden sollte. Dazu gehören zwei Löffel und eine Gabel in einer Plastikbox. So bleiben diese sauber und an einem Platz.

Für unterwegs eignen sich die kleinen Kostgläschen wohl am besten, doch auch Selbstgemachtes läßt sich portionsweise in einem gut schließenden Behälter einpacken, der dann in einer Isoliertasche transportiert werden kann. Sind Sie längere Zeit mit dem Auto unterwegs, lohnt sich der Kauf eines ausklappbaren Reisetabletts fürs Auto (am besten mit integrierter Tücherbox), so daß die Fläschchen, Behälter und Tassen einen sicheren Stand haben.

BEQUEM SITZEN

Sobald man die Kleinen auf die Reise mitnehmen kann, empfiehlt sich der Kauf eines Reisestuhls. Das einfachste Modell ist eine Art Sicherheitsgürtel aus sehr starkem Material, der an einem Stuhl befestigt werden kann, so daß Ihr Kind vor dem Herunterfallen geschützt ist. Dieser eignet sich besonders, wenn Sie öffentliche Verkehrsmittel benutzen, da er bequem in die Handtasche paßt.

Es gibt auch zusammenlegbare Sitze, die mit rutschfesten Gummistoppern und stabilen Klemmschrauben an der Tischplatte befestigt werden können. Achten Sie auf Sicherheit und wählen Sie Modelle mit dem TÜV-Siegel. Befestigen Sie diese Sitze nur an Holz- oder Metalltischplatten bzw. Tischen mit fester Oberfläche. Benutzen Sie sie niemals bei Tischtüchern, denn der Stuhl kann sich zusammen mit dem Tuch lösen und Ihr Kind herausfallen.

Alternativ können Sie für Reisen oder zu Hause einen Sitz aus vorgeformtem Kunststoff kaufen. Dieser wird am Stuhl befestigt, so daß Ihr Kind sicher und bequem auf Tischhöhe sitzt. Bei älteren Kindern lohnt sich die Investition in eine sogenannte Sitzerhöhung, die mit einem Gurt direkt am Stuhl befestigt wird.

5

FLÄSCHCHEN FÜR UNTERWEGS

Bereiten Sie vor dem Ausflug oder der Reise genügend Fläschchen vor, je nachdem, wie viele Stunden Sie weg sein werden. Sie sollten zur Sicherheit immer noch eine Flasche extra für unterwegs dabei haben. Geben Sie die Flaschen in den Kühlschrank und erst, wenn Sie das Haus verlassen, in eine Isoliertasche mit Kühlelementen oder einem speziellen Fläschchenkühler. Um die Fläschchen dann bei Bedarf aufzuwärmen, benötigen Sie eine Thermoskanne mit heißem Wasser.

Essen bei Freunden

Je mehr Erfahrungen Sie Ihrem Kind bieten, desto weiter wird sein Horizont. Bei Freunden oder Verwandten zu essen macht nicht nur Spaß, sondern bietet Ihrem Kind eine weitere Möglichkeit, seine Tischmanieren zu üben, neue Gerichte kennenzulernen und unterschiedliches Eßverhalten zu erfahren. Solche gemeinsamen Mahlzeiten laufen meist entspannter ab als im Restaurant. Sie selbst haben allerdings am meisten davon, wenn Sie mit allem rechnen und sich auf alles vorbereiten.

VERWANDTE UND FREUNDE BESUCHEN

Ist man zu Besuch bei Familien, die selbst Kinder haben, muß in der Regel nicht viel erklärt werden. Man drückt gegenüber dem Verhalten der Kinder ein Auge zu und ist für die unvermeidlichen Kleckereien entsprechend ausgerüstet. Wenn Sie jedoch bei den Großeltern, in kinderlosen Haushalten oder bei Verwandten oder Freunden mit größeren Kindern zu Besuch sind, sollten Sie Lätzchen, Becher und Reisehochstuhl mitbringen.

KLARE ABSPRACHEN TREFFEN

Ist Ihr Baby noch sehr klein oder haben Sie gerade mit dem Zufüttern der ersten Beikost begonnen, dann nehmen Sie am besten die eigenen Gerichte mit. Um Unstimmigkeiten zu vermeiden, sollte bei älteren Säuglingen und Kleinkindern vorher abgesprochen werden, was Ihr Kind bekommen darf. Gibt es bei der Babykost Probleme, sollten Sie ebenfalls Ihre eigenen Gerichte einpacken. Auf alle Fälle sollte man ganz offen mit den Verwandten oder Freunden sprechen und ihnen klar zu verstehen geben, was erwünscht oder unerwünscht ist (etwa gesalzenes Gemüse oder ein süßer Pudding).

BITTEN AN VERWANDTE UND FREUNDE

Bei Süßigkeiten sorgen präzise Aussagen Ihrerseits für klare Verhältnisse bei Verwandten und Freunden. Mögliche Vorschläge können lauten:

- Nur eine kleine Packung Bonbons oder ein Schokoladenriegel zur Begrüßung. Geben Sie zu verstehen, daß Sie einschreiten, sobald mehr geschenkt wird. Wenn Ihr Kind an keiner Allergie leidet, sollten Sie Schokolade bevorzugen, da sie im Vergleich zu klebrigen Bonbons weniger lang an den Zähnen haften bleibt.
- Fordern Sie Verwandte und Freunde zum Umdenken auf: Anstatt Schokolade kann man auch ein kleines Buch, Spielzeug oder ein Puzzle schenken.
- Rufen Sie ihnen die anderen Vorlieben Ihres Kinds ins Gedächtnis, z.B. die geliebten Weintrauben oder die exotische Frucht, Frischkäse oder die kleine Packung Müsli oder eine andere gesunde Zwischenmahlzeit.

EIN EWIGER ZANKAPFEL

Gerade über die Ernährung und das Essen kann es zwischen Eltern, Freunden und Verwandten auch einmal zum Streit kommen, insbesondere wenn sich die Vorstellungen und Eßgewohnheiten der anderen sehr von den Ihren unterscheiden. Es wird besonders unangenehm, wenn Außenstehende Ihre Versuche unterlaufen, dem Kind vernünftige Ernährungstips und Eßgewohnheiten mit auf den Weg zu geben, indem sie es mit Süßigkeiten überschütten, ihm Süßigkeiten als Belohnung für einen leergegessenen Teller versprechen oder Limonade und andere Sprudelgetränke anbieten. Speziell die Großeltern passen oft in diese Kategorie; sie sehen es geradezu als ihr Privileg an, die Kleinen mit fett- und zuckerhaltigen Speisen zu „verwöhnen".

Wie Sie nun damit umgehen, hängt auch davon ab, wie häufig Sie die betreffenden Personen treffen und wie groß deren Einfluß im Alltag auf die Ernährung Ihres Kindes wirklich ist. Leben sie in der Nähe oder haben sie häufigen Kontakt zum Kind, so müssen Sie klare Richtlinien aufstellen. Dabei sollten Sie nett und freundlich erklären, warum Ihr Kind dies oder jenes erhalten darf oder nicht und warum dies für Sie wichtig ist. Bei selteneren Gästen hingegen können Sie ruhig den einen oder anderen Keks für Ihr Kind durchgehen lassen.

ANDERE UMGEBUNG, ANDERE REGELN

Oft stürzen sich gerade die schlechten Esser bei der Oma oder bei Freunden auf eine daheim noch verschmähte Speise. Bewahren Sie in diesen Momenten die Fassung, denn oft ist das in anderer Umgebung offerierte Essen einfach wesentlich interessanter als das daheim. Lassen Sie sich keinesfalls in Auseinandersetzungen über die unterschiedlichen Nahrungsmittel und Eßgewohnheiten verwickeln, denn Babys und kleine Kinder passen sich rasend schnell neuen Gegebenheiten an. Sie lernen im Nu, daß sie sich woanders auch anders zu benehmen haben. Heben Sie sich doch einfach „Omas Spezialgericht" für zu Hause auf und überraschen Sie Ihr Kind damit.

5

Im Restaurant

Für die meisten von uns ist ein Essen im Restaurant oder im Café nichts Außergewöhnliches mehr. Für Kinder kann es da nur gut sein, möglichst früh daran gewöhnt zu werden. Viele Restaurants haben sich mittlerweile auf die kleinen Gäste eingestellt, bieten spezielle Kindermenüs an und halten Kinderstühle, bisweilen auch Wickelräume und sogar Spielecken bereit.

DIE WAHL DES RESTAURANTS

Sie tun sich und allen Beteiligten einen großen Gefallen, wenn Sie eine wirklich kinderfreundliche Gaststätte auswählen. In das etwas feinere Restaurant sollten Sie ein Kind erst mitnehmen, wenn es etwas älter ist.

■ Schnellrestaurants oder Gaststätten mit raschem Service eignen sich besser, da es Babys und kleinen Kindern bei ausgiebigen Mahlzeiten recht schnell langweilig wird.

■ Erkundigen Sie sich am besten telefonisch, ob das Restaurant Hochstühle, Wickelraum oder Spielecke besitzt. So können Sie schon vorab entscheiden, ob es in Frage kommt oder nicht.

■ Fragen Sie nach den Lieblingsspeisen Ihres Kindes. So können Sie vorab testen, ob man Ihnen generell entgegenkommt und wie freundlich und geduldig der Service ist.

KLEINE BABYS

Wollen Sie mit Ihrem Baby in ein Ihnen unbekanntes Restaurant gehen, klären Sie vorher telefonisch ab, ob dies problematisch sein könnte.

■ Legen Sie das Essen zwischen die Fütterzeiten des Babys. So kann es während des Essens schlafen.

■ Schaukeln Sie Ihr Baby im Kinderwagen in den Schlaf, bevor Sie das Essen beginnen.

■ Bitten Sie den Kellner, ein Fläschchen zu erwärmen. Sollten Sie stillen, so lesen Sie auf Seite 45 nach.

AUS DER SPEISEKARTE AUSWÄHLEN

NORMALE GERICHTE

Wählen Sie für Ihr Kind aus der normalen Speisekarte aus, so entscheiden Sie sich für einfache Gerichte, die Ihr Kind bereits kennt, also etwa Möhren und Erbsen, gegrilltes Fleisch oder Obstsalat aus frischen Früchten. Verzichten Sie auf exotische Zubereitungen, dicke Saucen oder Speisen, die mit Alkohol oder rohen Eiern zubereitet werden, auf spezielle Fleischsorten oder gemischte Aufläufe. Wenn es probieren möchte, geben Sie ihm eine kleine Kostprobe von Ihrem Teller. Finden Sie das Gewünschte auf der Speisekarte nicht, so fragen Sie ruhig danach, denn jede Restaurantküche hat die Basiszutaten für eine Babymahlzeit. Und verlangen Sie sehr kleine Portionen.

KINDERGERICHTE

Spezielle Kindergerichte scheinen oft verführerisch, enthalten aber eine Menge süßer und fetthaltiger Nahrungsmittel. Es spricht nichts gegen solche Gerichte, wenn Ihr Kind nur hin und wieder in deren Genuß kommt. Letztlich sollten Sie es aber bei kleinen Mengen belassen. Wählen Sie statt dessen einfache und nahrhafte Gerichte aus, etwa Käse, Frikadellen, gegrilltes oder gebratenes Huhn und Gemüse.

ÄLTERE BABYS UND KLEINKINDER

In diesem Alter wird es mit etwas Planung immer einfacher, mit den Kleinen essen zu gehen. Zwischen 6 und 9 Monaten sind Babys sehr lebendig und neugierig, geradezu begierig darauf, etwas Neues kennenzulernen. Ein Restaurant, also neue Umgebung und andere Menschen, werden das Kleine begeistern.

- Sobald Ihr Kind feste Nahrung ißt, sollten Sie den Restaurantbesuch so legen, daß sie gemeinsam speisen können.
- Warten aufs Essen gehört verständlicherweise noch nicht zu den Stärken kleiner Kinder; nehmen Sie daher zur Überbrückung kleine Snacks mit. Sie sollten auch immer ein Getränk fürs Baby dabei haben.
- Sehr zu empfehlen sind Bücher oder Spielzeug, um die Kleinen unterhalten zu können.
- Planen Sie richtig. Gehen Sie dann essen, wenn Ihr Kind normalerweise gut aufgelegt und nicht knatschig ist.
- Lassen Sie es sich vor dem Restaurantbesuch noch einmal richtig austoben. Auch wenn man von einem Kleinkind nicht erwarten kann, daß es für längere Zeit still auf seinem Platz sitzen bleibt, so darf es auch nicht unkontrolliert herumlaufen und dem Kellner im Weg stehen.
- Nehmen Sie auf jeden Fall Lätzchen, Tücher und die komplette Wickelausrüstung mit.

Essen im Ausland

Mit der entsprechenden Planung ist es heutzutage kein Problem mehr, mit kleinen Kindern ins Ausland zu reisen. Ferien im Ausland können für Sie und Ihr Baby eine willkommene Abwechslung bedeuten. Dazu gehört auch das genußvolle Kennenlernen einer neuen Küche. Bedenken Sie aber, daß die meisten Kinder beim Essen eher konservativ sind; sorgen Sie also für die richtige Mischung aus bekannten und neuen Gerichten.

VOR DER ABREISE

Wählen Sie eine geeignete Unterkunft aus. Versorgen Sie sich dann am besten selbst, so machen Sie es Ihrem Baby leichter. Für Kleinkinder bietet ein Hotel dagegen oftmals mehr, was dann wieder zur besseren Entspannung aller beitragen wird. Achten Sie immer auf die angebotenen Extras: Sind Kinderstühle vorhanden, gibt es Menüs für Kinder, können die Kleinen früh zu Abend essen? Gehen Sie davon aus, die meiste Zeit in der Hotelanlage zu verbringen, so sparen Sie sich das Mitbringen eigener Speisen und Utensilien. Wohnen Sie dagegen in einem Appartement als Selbstversorger, werden Sie mehrere Dinge benötigen. Bei schlechten Essern hilft manchmal zwar die neue Umgebung; packen Sie jedoch auf jeden Fall einige Gläschen oder Dosen mit den Lieblingsspeisen Ihres Kindes ein.

REISEKRANKHEIT

Vermeiden Sie vor der Abreise große Mahlzeiten und besonders fette Speisen. Ermuntern Sie Ihr Kind, sich während der Fahrt auf einen weit entfernten Punkt zu konzentrieren, und sorgen Sie immer für frische Luft. Lassen Sie es oft einen Schluck Wasser trinken, um eine Dehydrierung zu vermeiden. Wenn Ihr Kind unter Reisekrankheit leidet, können Sie auch einmal ein nicht rezeptpflichtiges Mittel aus der Apotheke versuchen.

5

HYGIENISCH EINWANDFREIE NAHRUNG

Bei heißem Klima essen Kinder meist weniger, doch gerade Babys und Kleinkinder sollten auf jeden Fall mehr trinken. Regionen, in denen es frische Früchte und Salat sowie gegrilltes Fleisch oder gegrillten Fisch gibt, sind ein wahres Schlaraffenland für die ganze Familie. Achten Sie trotzdem auf hygienisch einwandfreie Lebensmittel, da die Gefahr einer Lebensmittelvergiftung in heißem Klima wesentlich größer ist.

- Rohes Obst und Gemüse sollten immer gründlich gewaschen und geschält werden.
- Essen Sie nur gut durchgegartes Fleisch.
- Vorsicht bei Milch und Milchprodukten, insbesondere Eis. Die Milch sollte abgekocht werden.
- Sehen Sie sich ein Restaurant genau an, bevor Sie dort essen. Es sollte zumindest einen sauberen und hygienisch einwandfreien Eindruck machen.
- Bestellen Sie keine Schalentiere oder stark gewürzte Speisen.
- Kaufen Sie keine Gerichte am Imbißstand auf der Straße.
- Bewahren Sie Fertigmilch und angebrochene Gläschen immer in der Kühltasche auf.
- Füttern Sie Ihr Baby nie mit Milch, die über längere Zeit warmgehalten wurde.
- Verwenden Sie geöffnete Dosen, Gläschen oder Fläschchen nur gekühlt.
- Kochen Sie Ihr Trinkwasser ab; achten Sie bei Mineralwasser darauf, daß es für Babys geeignet ist (siehe Seite 24).

MIT DEM FLUGZEUG REISEN

Auch hier sorgt gute Planung für eine angenehme Reise.

- Ihr Baby sollte wegen der trockenen Luft im Flugzeug viel trinken. Geben Sie ihm während des Starts und der Landung etwas zu kauen.
- Gestillte Babys haben alles, was sie brauchen. Für ein Flaschenkind sollten Sie ein Fläschchen mit Fertigmilch (gut geeignet sind hier fertige Einwegprodukte), Ihr Fütterset, Kunststofftasse, -geschirr und mehrere -löffel zum Füttern der festen Kost bereit haben.
- Einige Fluggesellschaften bieten zwar geeignete Babykost oder Gerichte für ältere Babys und Kleinkinder an; am besten gehen Sie aber davon aus, daß dies nicht der Fall ist, und bestellen vor der Reise extra Obst, Käse und Vollkornbrot oder -brötchen. Oder Sie packen selbst ein paar kleine belegte Brote, Kräcker, etwas Obst und eine Flasche Wasser ins Handgepäck.
- Bitten Sie die Stewardeß, die mitgebrachten Gläschen und Getränke fürs Baby aufzuwärmen.
- Füttern Sie Ihr Kind, bevor Ihnen an Bord Ihr Essen serviert wird.
- Achten Sie darauf, nichts Heißes zu essen oder zu trinken, wenn Sie Ihr Baby auf dem Schoß haben.

Fast food und Snacks

Kleine Kinder essen am liebsten mehrmals am Tag kleine Mahlzeiten, da sie einen höheren Energieverbrauch haben und ihre Mägen einfach noch nicht auf einmal große Nahrungsmengen verarbeiten können. Entscheidend ist also, *was* Ihr Kind zu sich nimmt, nicht, wann und wie oft es ißt. Dabei ist nichts dagegen einzuwenden, Kindern eine gewisse Routine mit drei Mahlzeiten am Tag anzuerziehen – zuzüglich kleiner Zwischenmahlzeiten. Für eine optimale Versorgung mit Nährstoffen sollten Sie auch Snacks sorgsam auswählen.

WAS IST FAST FOOD?

Fast food oder auch Junk food sind Gerichte, die im Vergleich zu ihrem Nährwert sehr kalorienhaltig sind, z.B. Hamburger, Pommes frites, gesalzene Snacks und Limonadengetränke. Es versteht sich wohl von selbst, daß man Kindern diese Nahrungsmittel nicht in größeren Mengen verabreichen sollte: Sie führen zu Fettleibigkeit und Karies, verderben den Appetit auf gesündere Kost und können auf diese Weise Vitamin- oder Mineralstoffmangel bewirken.

Die meisten Erwachsenen ernähren sich sicherlich auch das eine oder andere Mal ungesund. Kinder sollte man allerdings in jedem Fall so weit wie möglich von Fast food fernhalten. Bedenken Sie dabei aber auch, daß verbotene Früchte am süßesten schmecken – besonders, wenn die Kinder schon etwas älter sind.

Gegen den einen oder anderen Hamburger oder ab und zu eine Portion Pommes frites ist nichts einzuwenden, wenn Ihr Kind generell gesund ernährt wird. Bedenklich wird es erst, wenn Fast food die „echten" Speisen ersetzt.

NAHRHAFTE SNACKS

Es werden heute auch nahrhafte Snacks angeboten, z.B. ungesalzene Chips aus Kartoffeln, die zumindest Eiweiß und Stärke enthalten, oder Milcheis, das sogar calciumhaltiger ist als selbstgemachter Milchbrei. Kombiniert man nun in vernünftiger Art und Weise frische Produkte mit den oben genannten, kann der Nährstoffbedarf eines Kinds durchaus in ausreichendem Maße gedeckt werden. Achten Sie immer auf die Inhaltsstoffe, vermeiden Sie sehr zucker-, salz- oder fetthaltige bzw. mit Zusatzstoffen angereicherte Produkte, also z.B. alle Limonadegetränke.

PRO UND KONTRA FAST FOOD

Achten Sie in jedem Fall darauf, daß Ihr Kind nicht zuviel Fast food erhält. Sollten Sie soweit gehen und Fast food ganz verbieten, dann aber nur mit gutem Grund und nicht deshalb, weil sie aus Prinzip dagegen sind.

Pro

- Fast food ist „cool“.
- Es enthält Kalorien und einige Nährstoffe.
- Es kommt bei Kindern gut an – ein wichtiger Aspekt beim Sozialisierungsprozeß des Kleinkindes. Bei Freunden bekommen sie es auch.
- Fast food ist schnell zubereitet und verfügbar.
- Es schmeckt immer gleich: ein sehr wichtiger Aspekt, gerade bei weniger probierfreudigen Essern.

Kontra

- Es enthält große Mengen künstlicher Farbstoffe, Geschmacksverstärker oder anderer Zusätze, dabei wenig Vitamine, Mineralstoffe und andere Nährstoffe.
- Es ist sehr sättigend und verdirbt so den Appetit auf nahrhafte Speisen.
- Es verursacht bei übermäßigem Genuß Fettleibigkeit und Karies.
- Es verstärkt häufig die ungesunde Vorliebe für zucker-, fett- und salzhaltige Nahrungsmittel.
- Es ist im Vergleich zu frischer Ware eher teurer.

WELCHES FAST FOOD KOMMT IN FRAGE?

Entscheiden Sie sich für Fast food, nur weil es schnell geht oder groß in Mode ist, dann denken Sie auch an die vielen fertigen oder fast fertigen nahrhaften Gerichte, die sofort verfügbar sind und Ihr Kind zufriedenstellen, wenn es Hunger hat und „viel und sofort“ etwas verlangt:

- **Gesunde Fast-food-Produkte:** Obst und Gemüse; Vollkornbrot oder Toast mit zuckerarmer Marmelade als Brotaufstrich; Folienkartoffel; Fischstäbchen mit Semmelbrösel ohne Farbstoffzusatz; Dosenfisch; gekochte Eier; Vollkorn-Frühstücksflocken; Joghurt oder Frischkäse; selbstgemachtes Popcorn ohne Zucker und Salz; Brötchen, Sauerteiggebäck.
- **Mäßig gesunde Fast-food-Produkte:** Pizza; fettarme Würstchen; ungesalzene Chips; Hähnchen-Nuggets; Pommes frites ohne Fett.
- **Ungesunde Fast-food-Produkte:** Kekse; Süßigkeiten, Bonbons, Schokolade; Torten; stark gesalzene Snacks (auch fettarme Produkte wie Salzbrezeln); Kuchen (außer selbstgemachtem); Pommes frites; süßes Popcorn.

5

Guter Rat für unterwegs

Mit einem Baby oder Kleinkind zu reisen kann riesigen Spaß machen und eine große Bereicherung für die Großen darstellen – vorausgesetzt, man reist auch ein wenig mit den Augen der Kleinen. Sie sollten allerdings in jedem Fall auf Unannehmlichkeiten vorbereitet sein, etwa auf Verspätungen, Pannen oder andere Unwägbarkeiten.

1 Nehmen Sie sich genügend Zeit, so daß Sie nie in Bedrängnis kommen. Mit Kind dauert alles etwas länger. Achten Sie auf Pünktlichkeit, so daß keine Hektik aufkommt, die sich dann sofort aufs Kind überträgt.

2 Halten Sie sich auch unterwegs so gut wie möglich an den Rhythmus Ihres Kinds. Planen Sie die Reiseroute oder den Ausflug daher den Gewohnheiten Ihres Kinds entsprechend.

3 Versorgen Sie Ihr Baby auf Reisen mit ausreichend Flüssigkeit, insbesondere an heißen Tagen. Füllen Sie am besten viel Wasser oder verdünnten Saft ab, so daß Ihr Baby regelmäßig kleine Mengen davon trinken kann.

4 Packen Sie ein paar Kleinigkeiten für zwischendurch ein, auch wenn die Reise nicht so lang geplant ist – es kann immer Verzögerungen geben.

5 Sorgen Sie für die notwendigen Utensilien und Nahrungsmittel, die Ihnen das Leben erleichtern: Kühltasche, Lätzchen, Löffel, Kunststoffgeschirr, Becher und Gläschen oder fertige Babykost. Sorgen Sie auch dafür, daß Ihr Baby es bequem hat; vergessen Sie also den Reisehochstuhl oder den Tischsitz nicht.

6 Nehmen Sie Spielzeug und Bücher mit auf die Reise. Sehr vorteilhaft sind hier ganz neue oder ältere Spielsachen, mit denen Ihr Kind längere Zeit nicht gespielt hat. Überraschen Sie es im richtigen Augenblick.

7 Bei Reisen ins Ausland muß Ihr Kind gegebenenfalls geimpft werden. Denken Sie frühzeitig daran. Packen Sie für den Fall einer Durchfallerkrankung entsprechende Präparate ein, die Ihr Kind vor einer Dehydrierung schützen (siehe Seite 100–101).

Wenn Essen Probleme schafft

Für Eltern stellen die Eßprobleme ihrer Kinder eine große Belastung dar. Oft ist der Grund allen Übels ein bestimmtes Nahrungsmittel – gerade in den letzten Jahren stieg die Zahl der an einer Lebensmittelallergie oder -unverträglichkeit leidenden Menschen stark an. Man weiß, daß die Ernährung auch mit spezifischen Krankheiten und Störungen zusammenhängt. Auch bei kranken Kindern wird das Essen zu einem großen Problem. Wenn Ihr Kind mit gesundheitlichen Störungen zu kämpfen hat, müssen Sie sich möglichst umfassend informieren. Denn erst wenn man die Ursachen des Problems kennt und über mögliche Vorgehensweisen Bescheid weiß, kann man seinem Kind helfen.

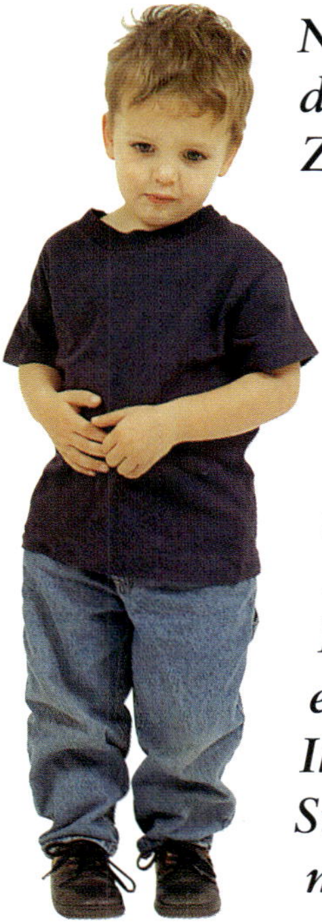

Allergien

In den letzten Jahren stieg die Zahl der an Allergien wie Asthma, Ekzemen, Heuschnupfen oder Nesselsucht leidenden Kinder rasant an. Der Zusammenhang zwischen Nahrungsmitteln und Allergien ist heiß umstritten. Einige Experten vertreten die Ansicht, daß die Ernährung bei einer allergischen Erkrankung keine oder nur eine sehr untergeordnete Rolle spielt; andere dagegen führen viele Probleme dieser Art gerade auf Nahrungsmittel zurück. Eines ist sicher: Babys und Kleinkinder tragen ein erhöhtes Risiko, an einer Lebensmittelallergie zu erkranken.

WARUM SIND BABYS BESONDERS GEFÄHRDET?

In den ersten Lebensmonaten ist ein Säugling wesentlich anfälliger für Allergien, da sein Verdauungssystem noch nicht voll entwickelt ist und die Darmwände noch durchlässig sind. Durch sie können größere Eiweißmoleküle ins Blut gelangen, die dort vom Immunsystem als Fremdkörper identifiziert werden, was zur allergischen Reaktion führt. Erst im Alter von 6 Monaten sind die Darmwände fast vollständig geschlossen. Wenn sich dann allerdings bereits eine Überempfindlichkeit entwickelt hat, wird diese wohl auch bestehen bleiben. Aus diesem Grund sollten Säuglinge keinesfalls zu früh mit fester Kost gefüttert werden.

Kinder, deren Eltern oder Geschwister an Asthma, Ekzemen, Heuschnupfen oder einer anderen Allergie leiden, tragen ein doppelt so hohes Risiko, selbst irgendeine Allergie zu entwickeln.

IST ES EINE ALLERGIE?

Allergien können jeden Körperteil betreffen und haben vielfältige Symptome:

■ Eine allergische Reaktion im Verdauungssystem kann sich wie folgt äußern: Koliken, anhaltender Durchfall, Erbrechen, Blähungen, Verstopfung, starker Speichelfluß, geringe Gewichtszunahme, Ausschlag im Windelbereich.

■ Ist die Haut betroffen, treten oft folgende Symptome auf: Schwellungen, Ausschlag, Ekzeme, Augenringe, geschwollene Lider und Lippen.

■ Bei einer allergischen Reaktion der Atemwege kommt es häufig zu Asthma, Ohrekzemen (nässenden Stellen hinter den Ohren), Heuschnupfen (Rhinitis allergica), tränenden Augen, anhaltendem Husten.

■ Wenn das Nervensystem betroffen ist, äußert sich dies als Migräne, Müdigkeit, Unruhe und – allerdings noch umstritten – auch Hyperaktivität.

BEKANNTE ALLERGENE

Es ist schwer, den tatsächlichen Auslöser einer Allergie zu identifizieren, da eine allergische Reaktion nicht immer unmittelbar nach dem Verzehr des jeweiligen Nahrungsmittels auftritt. Nicht alle der nachfolgend genannten Lebensmittel sind für Babys geeignet; je länger es dauert, bis Säuglinge mit ihnen in Berührung kommen, desto unwahrscheinlicher ist eine Reaktion. Zu den häufigsten Allergenen zählen:

- Kuhmilcheiweiß
- Eier
- Nüsse
- Weizen
- Schalentiere
- Beerenfrüchte
- Tomaten
- Schokolade
- Gewürze

Gefahr durch Nüsse

Nüsse können eine besonders ernste allergische Reaktion hervorrufen: den anaphylaktischen Schock oder Anaphylaxie. Hierbei schwillt das Körpergewebe so stark an, daß es zu Atemproblemen kommt. Ist diese Überempfindlichkeit bereits in Ihrer Familie aufgetreten, sollten Sie Ihrem Baby bis zu einem Alter von 3 Jahren niemals Nüsse geben. Sollte bei Ihrem Baby nach dem Verzehr von Nüssen eine allergische Reaktion auftreten, müssen Sie sofort mit ihm einen Arzt aufsuchen.

ALLERGIE ODER UNVERTRÄGLICHKEIT?

Obwohl beide Begriffe häufig synonym verwendet werden, muß zwischen ihnen doch deutlich unterschieden werden:

Lebensmittelallergie

Von einer allergischen Reaktion spricht man, wenn das Immunsystem auf bestimmte Substanzen (Allergene) wie Nahrungsmittel, Blütenpollen etc. reagiert. Beispiele für allergische Reaktionen sind Asthma, Heuschnupfen, Nesselsucht. Wenn der Organismus zum ersten Mal einer allergieauslösenden Substanz ausgesetzt ist, kommt es noch zu keiner Reaktion. Bei wiederholter Auseinandersetzung mit dem Allergen werden dann aber Antikörper gebildet, die allergische Symptome hervorrufen. Diesen Prozeß nennt man Sensibilisierung.

Lebensmittelunverträglicheit

Eine Lebensmittelunverträglichkeit bedeutet, daß der Organismus ein bestimmtes Nahrungsmittel nicht verdauen kann oder dagegen eine Überempfindlichkeit entwickelt. Der Körper reagiert zwar, bildet jedoch keine Antikörper. Ein Beispiel ist die Laktoseunverträglichkeit: Hier ist der Organismus nicht in der Lage, Laktose (Milchzucker) zu verarbeiten. Ein weiteres Beispiel ist die Zöliakie, eine Unverträglichkeit gegenüber Gluten, einem in Getreide enthaltenen Eiweißstoff.

6

WAS TUN BEI ALLERGIEN?

Wenn Sie bezüglich Allergien erblich vorbelastet sind, denken Sie als erstes möglicherweise daran, die Nahrungspalette Ihres Kinds einzuschränken. Durch eine solche Diät könnte Ihr Baby jedoch nicht ausreichend mit allen lebenswichtigen Nährstoffen versorgt werden. Ziehen Sie auf jeden Fall Ihren Arzt zu Rate.

ALLERGIEN VERMEIDEN

Durch folgende Maßnahmen bewahren Sie Ihr Kind möglicherweise vor einer Allergie:

- Die kritische Phase der Sensibilisierung umfaßt die ersten 4 bis 6 Monate im Leben eines Kinds. Versuchen Sie deshalb, Ihr Baby in dieser Zeit nur zu stillen oder mit der Flasche zu füttern, so daß es alle lebensnotwendigen Nährstoffe bis dahin aus Mutter- oder Fertigmilch erhält.
- Verzichten Sie während der Stillzeit auf potentiell allergieauslösende Speisen. Ihr Baby kommt so durch die Muttermilch nicht damit in Berührung.
- Bieten Sie Ihrem Baby jedes neue Nahrungsmittel nur einzeln und jeweils im Abstand von einigen Tagen an. Auf diese Weise können Sie eine allergische Reaktion sofort bemerken.
- Achten Sie beim ersten Füttern von Nußprodukten besonders auf allergische Reaktionen (siehe Seite 97).
- Vermeiden Sie nicht nur allergieauslösende Nahrungsmittel, sondern auch den Kontakt mit anderen Allergenen wie etwa Zigarettenrauch, Hausstaub, Blütenpollen und Katzenhaaren.

Warnung

Nie eine sog. Eliminationsdiät durchführen, ohne zuvor den Arzt zu konsultieren, auch wenn Sie sicher sind, das auslösende Lebensmittel dadurch leicht identifizieren zu können.

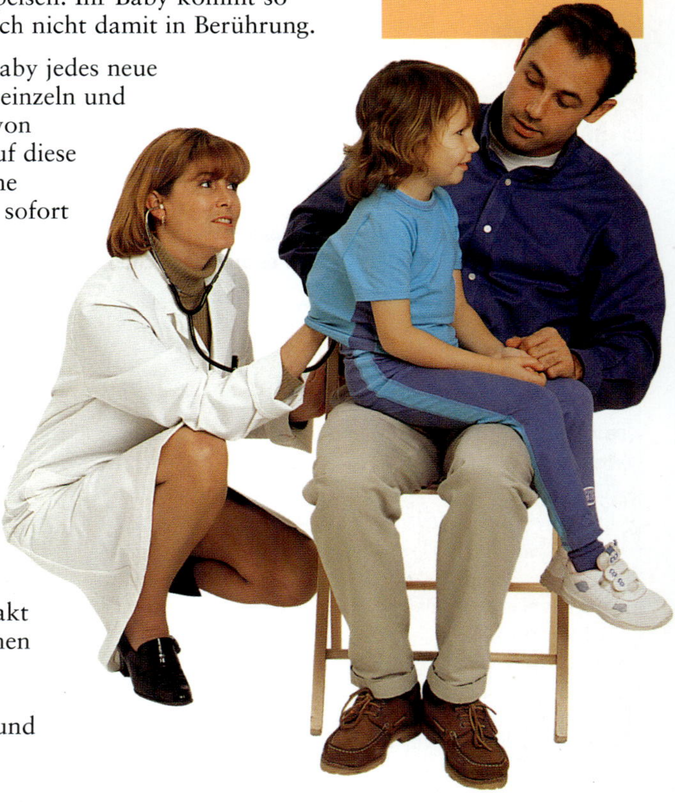

6

GEFÄHRLICHE ALLERGISCHE REAKTIONEN

Wenn Kinder zum ersten Mal mit einem bestimmten Nahrungsmittel in Berührung kommen, kann es bei einer allergischen Reaktion auch zu sehr gefährlichen, manchmal lebensbedrohlichen Situationen kommen. Zuerst bilden sich am ganzen Körper sowie in Mund und Rachen und an der Zunge rote, juckende Pusteln, die Atemprobleme verursachen. Treten diese Symptome auf, fordern Sie sofort ärztliche Hilfe an und leisten gegebenenfalls selbst Erste Hilfe. Man geht davon aus, daß die Kinder in diesem Fall auf das Nahrungsmittel bereits im Mutterleib oder beim Stillen sensibilisiert wurden. Ihr Kind darf nun keinesfalls auch nur mit einer Spur dieses Lebensmittels in Berührung kommt.

LIEGT DAS PROBLEM IN DER FAMILIE?

Wie Sie letztlich mit der Allergie des Kinds umgehen, ist eine sehr individuelle Angelegenheit. Das problematische Nahrungsmittel kann ganz vom familiären Speisezettel gestrichen werden, so daß es Ihrem Kind gar nicht weiter auffällt, oder Sie bieten ihm Alternativprodukte an. Erklären Sie Ihrem Kind, sobald es alt genug ist, warum es bestimmte Nahrungsmittel nicht essen darf. Und hat es dann erst einmal begriffen, daß diese Speisen es krank machen, wird es die Anweisungen befolgen. Geht Ihr Kind zu Freunden, müssen die Eltern der anderen Kinder selbstverständlich über die Allergiegefahr informiert werden, und zwar noch mindestens bis ins Schulalter hinein.

SPEZIELLE ZUSAMMENSETZUNGEN

Für den Fall, daß Sie nicht stillen und Ihr Kind auf Kuhmilch allergisch reagiert, empfiehlt sich eine Fertigmilch auf Sojabasis. Produkte dieser Art sind oft auch eine gute Lösung für Flaschenkinder, die eine Unverträglichkeit gegen Milchzucker haben. Doch auch bei Sojaprodukten kann es zu allergischen Reaktionen kommen.

■ Sojamilchprodukte enthalten zwar keine Laktose, jedoch anderen Zucker. Damit die Zähne nicht angegriffen werden, sollten Sie deshalb Kindern über 12 Monaten zwischen den Mahlzeiten oder zum Schlafengehen nicht mehr die Flasche geben.

■ Während der Entwöhnung sollten Kinder keine herkömmlichen Getränke auf Sojabasis (im Gegensatz zu Babymilch aus Soja) erhalten, da diese zu wenig Kalorien, Vitamine und Calcium enthalten.

■ Bei bestimmten Babymilchprodukten wurde das Eiweiß der Kuhmilch so verändert, daß sie speziell für Allergiker-Babys geeignet sind.

■ Bisweilen wird davon ausgegangen, daß Ziegen- und Schafsmilch weniger häufig Allergien auslösen. Dafür gibt es jedoch keine wissenschaftlichen Beweise. Diese Milchsorten sollten ebensowenig wie Kuhmilch Kindern unter einem Jahr verabreicht werden, da in ihnen lebenswichtige Nährstoffe wie etwa Vitamin A, D, Folsäure und Eisen nicht in ausreichenden Mengen enthalten sind.

Verdauungsstörungen

Viele Verdauungsstörungen, etwa Durchfall, Verstopfung, Übelkeit und Erbrechen, stellen für die Eltern Anlaß zu großer Sorge dar, auch wenn sie in der Regel schnell vorübergehen. Sie werden durch viele Faktoren, z.B. auch Allergien oder Unverträglichkeiten, ausgelöst; trotz ihrer oft recht drastischen Symptome bekommt man sie normalerweise relativ einfach wieder in Griff.

DIARRHÖ

Diarrhö oder Durchfall (sehr weicher oder flüssiger Stuhl) tritt bei Kleinkindern in den ersten Jahren relativ häufig auf. Diarrhö ist zwar unangenehm, hat jedoch meist keine ernste Ursache. Bei Säuglingen ist Durchfall ernster zu nehmen. Konsultieren Sie den Arzt, da die Gefahr einer Dehydrierung besteht. Häufige Auslöser bei Kleinkindern:

- Erkältung
- Antibiotika
- Lebensmittelunverträglichkeit: Liegen keine offensichtlichen Ursachen vor, etwa eine Erkältung oder Antibiotika, überdenken Sie die Speisen der letzten Tage. Hat Ihr Kind erstmals ein bestimmtes Nahrungsmittel gegessen, so lassen Sie es eine Weile weg. Sollte es wirklich der Auslöser sein, wird der Durchfall innerhalb weniger Tage wieder verschwinden.
- Der in manchen Säften enthaltene Zucker(alkohol) Sorbit kann zu flüssigem Stuhl führen. Pflaumen-, Apfel-, Birnen- oder Kirschsaft können hier die Auslöser sein.
- Ein an sich gesundes Kleinkind durchläuft wiederholt Durchfallerkrankungen, bei denen unverdaute Teile von Obst oder Gemüse mit dem Stuhl ausgeschieden werden. Die Ursache dafür ist nicht genau bekannt; man spricht auch vom Kinderdurchfall oder dem Erbsen-Möhren-Syndrom. Eine Behandlung ist nur nötig, wenn es länger anhält.

Warnung!

Sofortige ärztliche Behandlung ist nötig, wenn der Säugling jünger als ein Jahr ist und

- der Durchfall länger als 12 Std. anhält,
- er länger als 4 bis 6 Std. nicht trinken möchte,
- Symptome von Dehydrierung zeigt (siehe Seite 101).

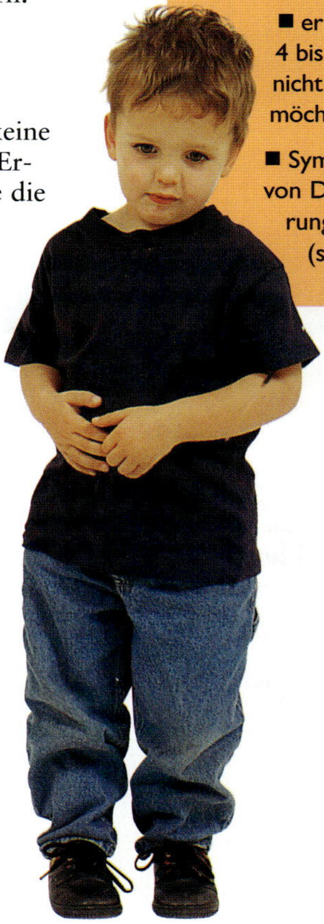

ÜBELKEIT UND ERBRECHEN

Kleine Säuglinge spucken bisweilen mehrmals täglich nach dem Füttern etwas Milch. Dies ist nicht weiter bedenklich, vorausgesetzt, das Kind ist völlig gesund und nimmt normal an Gewicht zu. Denken Sie daran, daß ausgespuckte Flüssigkeit immer nach mehr aussieht, als tatsächlich vorhanden ist. Sobald Ihr Kind im Alter von 6 bis 8 Monaten zunehmend mehr feste Nahrung zu sich nimmt, verschwindet das Spucken in der Regel ganz von selbst.

■ Bei älteren Babys oder Kleinkindern kann Erbrechen durch eine Darminfektion oder eine Nahrungsmittelunverträglichkeit ausgelöst werden. Achten Sie darauf, daß Ihr Kind nicht zu viel Flüssigkeit verliert.

■ Früher ließ man Kinder mit infektiösem Durchfall und Erbrechen fasten. Heute ist dies nicht mehr notwendig. Hat ein Kind Appetit, kann es einfache milde Kost erhalten, etwa Reisflocken oder eine gekochte Kartoffel. Milch sollte dagegen weggelassen werden (außer Mutter- oder Fertigmilch).

■ Übelkeit kündigt meist nachfolgendes Erbrechen an. Manche Kinder jedoch klagen regelmäßig über Übelkeit. Dies kann durch eine Unverträglichkeit gegenüber bestimmten Nahrungsmitteln ausgelöst werden, aber auch ein Zeichen für Angstzustände sein.

VERSTOPFUNG

Viele Kleinkinder leiden unter Verstopfung. Auslöser kann eine falsche Ernährung sein, bei der zu viele zucker- und fetthaltige Nahrungsmittel und zu wenig Obst, Gemüse und Flüssigkeit angeboten werden. Sie sollten in diesem Fall nicht schnell zum Abführmittel greifen, sondern die Kost umstellen und verstärkt gröbere und ballaststoffhaltigere Nahrung füttern, also mehr Obst und Gemüse sowie Getreide aus dem vollen Korn. Das Kind sollte viel trinken.

DEHYDRIERUNG VERMEIDEN

Leidet Ihr Kind unter Durchfall und/oder Erbrechen, so muß es auf jeden Fall mit ausreichend Flüssigkeit versorgt werden, um eine Dehydrierung (Austrocknung) zu vermeiden. Verweigert der Säugling die Brust oder die Flasche, sollte er eine Elektrolytlösung (Mineralien-/Salzgemisch) erhalten, die in verschiedenen Geschmacksvariationen erhältlich ist. Geschmacksneutrale Lösungen eignen sich für Babys unter einem Jahr, Kleinkinder bevorzugen dagegen etwas mehr Geschmack. Ziehen Sie Ihren Arzt zu Rate. Sind bei Ihrem Kind folgende Anzeichen einer Dehydrierung zu erkennen, begeben Sie es unverzüglich in ärztliche Behandlung:

- Eingefallene Augen oder Fontanelle (Knochenlücke am Schädel von Neugeborenen)
- Überempfindlichkeit, Lustlosigkeit
- Ausgetrockneter Mund; fahle, trockene Haut
- Sehr unregelmäßiges Urinieren, sehr konzentrierter Urin
- Fieber
- Schmerzen im Oberbauch (unablässiges Weinen des Säuglings weist darauf hin)

Zöliakie

Babys und Kleinkinder, die nicht angemessen zunehmen, sind in den meisten Fällen nicht krank, sondern benötigen oft nur eiweißhaltigere Kost (siehe Seite 106–107). Entwicklungsstörungen beruhen manchmal allerdings auf der Unverträglichkeit von Gluten, der Zöliakie. Dieser Eiweißstoff ist Bestandteil von Getreide wie Weizen, Roggen, Gerste und Hafer. Man geht jedoch davon aus, daß die entsprechende Veranlagung vererbt wird und möglicherweise ein Gen-Defekt damit in Zusammenhang steht.

WIE ERKENNE ICH ZÖLIAKIE?

Solange Ihr Kind gestillt oder mit glutenfreien Produkten aus der Flasche gefüttert wird, macht sich die Störung nicht bemerkbar. Zählt Ihr Baby zu den potentiell gefährdeten Personen, so setzt die Zöliakie mit dem Beginn der Beikostfütterung ein. Zu den Symptomen zählen:

- schwindender Appetit
- geringes Wachstum
- geschwollener Oberbauch
- heller, kompakter, schaumiger und übelriechender Stuhl, der sich nur schwer hinunterspülen läßt, da er große Mengen Fett enthält

LEBEN MIT AN ZÖLIAKIE ERKRANKTEN KINDERN

Leidet Ihr Kind an Zöliakie, sollte die Ernährung komplett auf glutenfreie Kost umgestellt werden. Erleichtern Sie sich die Umstellung auf folgende Weise:

- Konsultieren Sie einen Experten für Kinderernährung, der Sie hinsichtlich geeigneter und ungeeigneter Nahrungsmittel beraten kann.
- Achten Sie bei Lebensmitteln noch sorgfältiger auf die Inhaltsstoffe, da auch Babykost versteckt Weizen oder andere glutenhaltige Getreidesorten enthält. Vermeiden Sie z.B. Mehl, Saucenbinder, Weizenstärke, Mondamin oder Zwieback.
- Stellen Sie sich Ihren Speiseplan aus den zahlreichen glutenfreien Produkten zusammen.
- Machen Sie Ihrem Kind so früh wie möglich klar, welche Nahrungsmittel es zu vermeiden hat. Gehen Sie dabei mit großem Fingerspitzengefühl vor, damit sich Ihr Kind nicht als „Außenseiter" fühlt.
- Beschränken Sie sich auf die vielen für Ihr Kind geeigneten Produkte.
- Geben Sie Ihrem Kind die Möglichkeit, so normal wie möglich zu leben. Geht es z.B. auf eine Party, informieren Sie die Gastgeber und empfehlen ihnen Gerichte. Geben Sie Ihrem Kind glutenfreie Kuchen und Kekse zum Probieren für die anderen mit.

GLUTENFREIE ERNÄHRUNG

- Wählen Sie für die Familie dieselben Lebensmittel aus, so daß Ihrem Kind keine Sonderrolle zufällt.
- Verwenden Sie für selbstgemachte Gerichte glutenfreie Alternativen.
- Schaffen Sie sich einen Vorrat glutenfreier Nahrungsmittel an, so daß Sie immer etwas verfügbar haben.
- Glutenfreie Hamburger können mit Hackfleisch zubereitet werden. Einige Metzgereien stellen nach Bedarf auch glutenfreie Würstchen her.
- Achten Sie sorgfältig auf die Inhaltsstoffe.

ZÖLIAKIE BEHANDELN

Bei der Zöliakie greift Gluten die Darmwände an, wodurch der Säugling letztlich aus der Nahrung keine Nährstoffe mehr aufnehmen kann. In diesem Fall wird das Kind lebenslang strikt auf glutenfreie Diät gesetzt. Nur so können die Nährstoffe wieder normal resorbiert werden und die Verletzungen an den Darmwänden abheilen.

In der Vergangenheit kam es im Verlauf dieser Erkrankung zu anhaltendem, übelriechendem Durchfall, der nur schwer zu behandeln war. Dies führte bei den betroffenen Kindern zu erheblichen Entwicklungsstörungen. Die Zahl der betroffenen Kinder ist in den letzten 20 Jahren drastisch gesunken, zugleich ist das Alter, in dem die Krankheit ausbricht, gestiegen. Dies kann mit hoher Wahrscheinlichkeit auf die spätere Erstfütterung fester Kost zurückgeführt werden.

DEN AUSBRUCH VERZÖGERN

Bevor sie 6 Monate alt sind, sollten Babys am besten keine Nahrungsmittel bekommen, die Weizen, Roggen, Gerste oder Hafer enthalten. Offensichtlich kann nämlich bei erblich vorbelasteten Säuglingen ein Ausbruch der Zöliakie in einem sehr frühen Stadium verzögert werden, wenn diese glutenfreie Kost erhalten. Die gewonnene Zeit ist sehr entscheidend, da die Kinder vor den drastischen Konsequenzen länger bewahrt werden.

Diabetes mellitus

Die Nachricht, daß ein Kind an Diabetes (Zuckerkrankheit) leidet, trifft die Eltern meist wie ein Schock. Relativ viele Kinder erkranken an Diabetes – etwa eines von 500 –, und wenn man erst einmal mit der Krankheit umzugehen weiß, können auch sie eine ziemlich normale Kindheit erleben. Hier spielt die gesunde Ernährung eine Schlüsselrolle. Glücklicherweise müssen für die Betroffenen keine speziellen Speisen zubereitet werden. Am besten geben Sie Ihrem Kind genau die gesunde und gehaltvolle Nahrung, die auch andere Kinder bekommen.

WAS VERURSACHT DIABETES?

Bei Diabetes produziert der Körper nicht genügend Insulin. Dieses Hormon der Bauchspeicheldrüse kontrolliert den Blutzuckerspiegel. Die Körperzellen verwerten den Blutzucker (Glukose) als Brennstoff zur Energiegewinnung.

VERSCHIEDENE DIABETESTYPEN

Es gibt zwei Diabetestypen. Bei Kindern spricht man vom sogenannten Typ-1-Diabetes, wenn die meisten oder alle insulinproduzierenden Zellen des Körpers zerstört sind und Insulin in jedem Fall gespritzt werden muß, um die Körperfunktionen aufrecht zu erhalten. Die andere Diabetesform wird als Typ-2-Diabetes bezeichnet. Hiervon sind vorwiegend Menschen über 40 Jahren betroffen. Bei diesem Typ kann das vom Organismus produzierte Insulin vom Körper nicht ausreichend verwertet werden.

Wird bei Ihrem Kind Diabetes diagnostiziert, sollte es anfangs von Spezialisten behandelt werden. Später übernehmen die Eltern die verantwortungsvolle Aufgabe, die Zuckerkrankheit ihres Kinds im Alltag zu überwachen.

SYMPTOME DES DIABETES

- Verstärkter Harndrang. Die Kinder beginnen oft erneut, nachts einzunässen, nachdem sie bereits trocken waren, oder stehen nachts öfter auf, um zur Toilette zu gehen.
- Permanenter Durst. Die Kinder wollen ständig trinken, da sie durch das verstärkte Urinieren große Mengen Flüssigkeit ausscheiden.
- Unerklärlicher Gewichtsverlust bei normal essenden Kindern.

Weitere Symptome

- Lustlosigkeit und Müdigkeit.
- Jucken im Genitalbereich aufgrund von Infektionen durch Hefebakterien, die wiederum auf den Zucker im Urin zurückzuführen sind (besonders häufig bei Mädchen).

Bei Verdacht auf Diabetes sollten Sie unverzüglich Ihren Kinderarzt konsultieren.

ZWISCHENMAHLZEITEN

Um den Blutzuckerspiegel nicht zu stark absinken zu lassen, müssen Kinder mit Diabetes regelmäßig zwischen den Mahlzeiten und vor dem Schlafengehen etwas essen. Diese Zwischenmahlzeiten unterscheiden sich nicht von normalen Snacks für gesunde Kleinkinder. Auch sie bestehen aus Brötchen, Früchten etc.

Die Versorgung eines sehr kleinen Diabeteskinds gestaltet sich schwierig, da sich der Appetit der Kleinen laufend ändert. Die Kinder sollten auf jeden Fall so regelmäßig wie möglich essen. Servieren Sie deshalb sowohl Haupt- als auch Zwischenmahlzeiten am besten immer zu festen Zeiten. Durch regelmäßige Essenszeiten und eine ausgewogene Ernährung stabilisieren sich die für Diabetikerkinder wichtigen Eßgewohnheiten und vermitteln den Säuglingen und Kleinkindern zudem ein Gefühl von Sicherheit. Ihr Kind muß sich an keinen vorgeschriebenen Diätplan halten. Sie erarbeiten zusammen mit dem Arzt ein Schema, das den Eßgewohnheiten und Vorlieben der Familie angepaßt ist.

SÜSSIGKEITEN

Kinder mit Diabetes müssen nicht zwingend auf Süßigkeiten verzichten, auch wenn sie nicht zuviel Süßes naschen oder generell keine zuckerhaltige Kost essen sollten. Am besten integrieren Sie süß schmeckende Nahrungsmittel in eine gesunde, ausgewogene Ernährung und bieten normale Süßigkeiten und Schokolade nur vor sportlicher Betätigung oder nach dem Essen an – jedoch immer im Rahmen der berechneten Kohlenhydrate für eine Haupt- oder Zwischenmahlzeit. Hin und wieder z.B. ein Pudding ist ebenfalls erlaubt.

ERNÄHRUNG UND DIABETES

Bei Diabetes muß darauf geachtet werden, daß die gespritzte Insulinmenge der Nahrung jeweils angeglichen wird, so daß das Blutzuckerniveau im normalen Bereich bleibt. Wichtig sind hier regelmäßige und ausgewogene Mahlzeiten aus Obst, Gemüse und Getreideprodukten. Ihr Arzt wird Sie genau einweisen, welche Mengen an Kohlenhydraten Ihr Kind pro Mahlzeit zu sich nehmen soll.

Gedeihstörungen

Einige Säuglinge nehmen langsamer zu als ihre Altersgenossen. Um ein solches Baby muß man sich in der Regel keine Sorgen machen, solange es aktiv, aufmerksam und glücklich wirkt und sich ansonsten normal entwickelt. Mangelnde Gewichtszunahme und verzögertes Wachstum können allerdings in manchen Fällen auf eine Gedeihstörung hinweisen, wenn der Säugling nicht ausreichend Nährstoffe erhält. Eine Gedeihstörung kann ferner durch eine Krankheit ausgelöst werden, etwa durch Zöliakie, Herzprobleme oder eine Störung des Nervensystems. Auch eine zu einseitige Ernährung oder zu langes ausschließliches Stillen oder Flaschenfüttern sind mögliche Ursachen. Ebenfalls bedenklich ist eine bewußte oder auch unbeabsichtigte Kalorienreduzierung bei der Nahrung Ihres Kindes mittels ungeeigneter „Gesundheitskost".

GEFAHREN DURCH GESUNDHEITSKOST

Viele der Nahrungsmittel, die Erwachsene für gesund halten, z.B. faserreiche Getreideflocken, Müslis oder andere mit Kleie angereicherte Produkte, mehrfach ungesättigte Margarineprodukte, Magermilch (generell fettarme oder auch sehr ballaststoffhaltige Produkte), sind für Babys und Kleinkinder absolut ungeeignet. Auf ihrem Speisezettel sollten folgende Produkte ganz groß geschrieben werden: Bis zum Alter von 2 Jahren (außer bei Übergewicht) Vollmilch, Joghurt, Butter und Käse und keine mit Kleie angereicherten Müslis oder Flocken. Es sei noch einmal ausdrücklich gesagt: Die besten Nahrungsmittel für Ihr Kind sind die möglichst naturbelassenen.

KOMPAKTE ENERGIELIEFERANTEN

Nahrungsmittel mit hohem Kaloriengehalt bieten Kindern den nötigen Kraftstoff, ohne dabei übermäßig satt zu machen. Beispiele hierfür sind:

- Avocado
- Fisch (Lachs, Thunfisch)
- Tofu
- Nußbutter
- Vollkornnudeln
- Putenfleisch
- Eier
- Käse

ZWISCHENMAHLZEITEN

Um den Blutzuckerspiegel nicht zu stark absinken zu lassen, müssen Kinder mit Diabetes regelmäßig zwischen den Mahlzeiten und vor dem Schlafengehen etwas essen. Diese Zwischenmahlzeiten unterscheiden sich nicht von normalen Snacks für gesunde Kleinkinder. Auch sie bestehen aus Brötchen, Früchten etc.

Die Versorgung eines sehr kleinen Diabeteskinds gestaltet sich schwierig, da sich der Appetit der Kleinen laufend ändert. Die Kinder sollten auf jeden Fall so regelmäßig wie möglich essen. Servieren Sie deshalb sowohl Haupt- als auch Zwischenmahlzeiten am besten immer zu festen Zeiten. Durch regelmäßige Essenszeiten und eine ausgewogene Ernährung stabilisieren sich die für Diabetikerkinder wichtigen Eßgewohnheiten und vermitteln den Säuglingen und Kleinkindern zudem ein Gefühl von Sicherheit. Ihr Kind muß sich an keinen vorgeschriebenen Diätplan halten. Sie erarbeiten zusammen mit dem Arzt ein Schema, das den Eßgewohnheiten und Vorlieben der Familie angepaßt ist.

SÜSSIGKEITEN

Kinder mit Diabetes müssen nicht zwingend auf Süßigkeiten verzichten, auch wenn sie nicht zuviel Süßes naschen oder generell keine zuckerhaltige Kost essen sollten. Am besten integrieren Sie süß schmeckende Nahrungsmittel in eine gesunde, ausgewogene Ernährung und bieten normale Süßigkeiten und Schokolade nur vor sportlicher Betätigung oder nach dem Essen an – jedoch immer im Rahmen der berechneten Kohlenhydrate für eine Haupt- oder Zwischenmahlzeit. Hin und wieder z.B. ein Pudding ist ebenfalls erlaubt.

ERNÄHRUNG UND DIABETES

Bei Diabetes muß darauf geachtet werden, daß die gespritzte Insulinmenge der Nahrung jeweils angeglichen wird, so daß das Blutzuckerniveau im normalen Bereich bleibt. Wichtig sind hier regelmäßige und ausgewogene Mahlzeiten aus Obst, Gemüse und Getreideprodukten. Ihr Arzt wird Sie genau einweisen, welche Mengen an Kohlenhydraten Ihr Kind pro Mahlzeit zu sich nehmen soll.

Gedeihstörungen

Einige Säuglinge nehmen langsamer zu als ihre Altersgenossen. Um ein solches Baby muß man sich in der Regel keine Sorgen machen, solange es aktiv, aufmerksam und glücklich wirkt und sich ansonsten normal entwickelt. Mangelnde Gewichtszunahme und verzögertes Wachstum können allerdings in manchen Fällen auf eine Gedeihstörung hinweisen, wenn der Säugling nicht ausreichend Nährstoffe erhält. Eine Gedeihstörung kann ferner durch eine Krankheit ausgelöst werden, etwa durch Zöliakie, Herzprobleme oder eine Störung des Nervensystems. Auch eine zu einseitige Ernährung oder zu langes ausschließliches Stillen oder Flaschenfüttern sind mögliche Ursachen. Ebenfalls bedenklich ist eine bewußte oder auch unbeabsichtigte Kalorienreduzierung bei der Nahrung Ihres Kindes mittels ungeeigneter „Gesundheitskost“.

GEFAHREN DURCH GESUNDHEITSKOST

Viele der Nahrungsmittel, die Erwachsene für gesund halten, z.B. faserreiche Getreideflocken, Müslis oder andere mit Kleie angereicherte Produkte, mehrfach ungesättigte Margarineprodukte, Magermilch (generell fettarme oder auch sehr ballaststoffhaltige Produkte), sind für Babys und Kleinkinder absolut ungeeignet. Auf ihrem Speisezettel sollten folgende Produkte ganz groß geschrieben werden: Bis zum Alter von 2 Jahren (außer bei Übergewicht) Vollmilch, Joghurt, Butter und Käse und keine mit Kleie angereicherten Müslis oder Flocken. Es sei noch einmal ausdrücklich gesagt: Die besten Nahrungsmittel für Ihr Kind sind die möglichst naturbelassenen.

KOMPAKTE ENERGIELIEFERANTEN

Nahrungsmittel mit hohem Kaloriengehalt bieten Kindern den nötigen Kraftstoff, ohne dabei übermäßig satt zu machen. Beispiele hierfür sind:

- Avocado
- Fisch (Lachs, Thunfisch)
- Tofu
- Nußbutter
- Vollkornnudeln
- Putenfleisch
- Eier
- Käse

WARUM UNTERSCHEIDET SICH DIE ERNÄHRUNG VON KINDERN UND ERWACHSENEN?

Erwachsene versuchen oft jahrelang abzunehmen, der Fitneß und Gesundheit und vor allem des Aussehens wegen. Bei Babys gelten da ganz andere Maßstäbe: Je runder, desto süßer. Babys haben im Vergleich zu Erwachsenen pro Kilogramm Körpergewicht wesentlich mehr Fett. Im Alter von 4 Monaten wiegen sie etwa dreimal so viel wie bei ihrer Geburt. Mit 6 Monaten beträgt der Fettanteil dann etwa ein Viertel ihres Körpergewichts. Dies wurde von Mutter Natur bewußt so eingerichtet, damit während der Abstill- und Umstellungsphase genügend „Vorratskammern“ vorhanden sind.

Von der Geburt bis zum Alter von 2 Jahren wächst und entwickelt sich ein Mensch sowohl körperlich als auch geistig so schnell wie niemals mehr in seinem Leben. Trotzdem brauchen Kinder bis ins Teenageralter hinein im Vergleich zu Erwachsenen mehr Kalorien für ihre Entwicklung. Zudem ist ein Baby- oder Kindermagen nicht in der Lage, allzu große Mengen aufzunehmen; daher müssen die jeweiligen Portionen klein, aber gleichzeitig sehr kalorienhaltig sein.

EMPFOHLENE MENGEN PRO TAG

	3 Jahre altes Kind Durchschnittsgewicht 14,9 kg	**Erwachsene Frau** Durchschnittsgewicht 58,5 kg
Eiweiß	17,3 g	45 g
Fett	50–76 g	70 g
Kohlenhydrate	100–160 g	230 g
Faserstoffe	8–13 g	12–24 g
Kalorien	1370 kcal	1940 kcal
Calcium	350 mg	700 mg
Vitamin C	30 mg	40 mg

Wenn das Kind krank ist

In den ersten Lebensjahren erkranken Kinder häufig an weniger ernsten Infektionen. Der erste Hinweis auf eine bevorstehende Krankheit ist bei Kindern Appetitlosigkeit. Bei Durchfall oder Erbrechen ist dies nur natürlich und durchaus zu begrüßen, da der Verdauungstrakt so zur Ruhe kommen kann. Die Ernährung des kranken Kinds ist besonders wichtig, damit sich der Organismus gegen die Infektion wehren und anschließend auch erholen kann. Bei den weniger ernsten Krankheiten ist eine spezielle Diät allerdings meist nicht erforderlich.

ANZEICHEN FÜR EINE KRANKHEIT

- Das Kind reagiert anders als sonst.
- Es zeigt kein Interesse am Essen.
- Durchfall
- Erbrechen
- Erhöhte Temperatur
- Es weint öfter als sonst.
- Husten, Ausschlag oder andere Symptome

ERNÄHRUNG BEI KRANKHEIT

Haben Kinder während einer Krankheit keinen Appetit, so ist es sinnlos, sie zu normalen Mahlzeiten überreden zu wollen. Vielmehr sollte man ihnen zwischendurch immer wieder kleine Appetithappen anbieten, die zudem noch leicht verdaulich und nahrhaft sind, etwa Hühnerfleisch, Fisch oder Suppe. Doch gerade kranke Kinder sprechen darauf oft nicht an und haben dann eher Appetit auf Fast-food-Produkte, die zwar nicht so gesund sind, doch zumindest für die nötige Kalorienzufuhr sorgen. Sollte Ihr Kind also nur darauf Appetit haben, so kommen Sie der Bitte nach.

TRINKEN IST WICHTIG

Bei einer Krankheit ist es ungemein wichtig, daß Kinder viel Flüssigkeit zu sich nehmen, besonders bei Fieber, Durchfall, Erbrechen oder Erkrankungen der Atemwege.

- Ist Ihr Kind sehr schwach, wird es nicht in der Lage sein, große Mengen zu trinken. Bieten Sie ihm dann außer Wasser zur Kalorienaufnahme auch andere, möglichst pure Getränke wie Fruchtsaft in kleinen Schlucken an.
- Weigert sich Ihr Kind zu trinken, so offerieren Sie das Getränk in der Lieblingstasse oder geben Sie ihm einen Strohhalm zum Trinken. Neues wirkt oft Wunder.
- Älteren Kindern kann zu diesem Zeitpunkt auch einmal ein Sprudelgetränk gegeben werden, vorausgesetzt, nichts anderes wird akzeptiert. In diesen seltenen Fällen kann auf die handelsüblichen Produkte zurückgegriffen werden, wenn sie das einzige sind, was ein krankes Kind bei sich behält.

RÜCKFALL IN ALTE ZEITEN

Während einer Krankheit kann es vorkommen, daß Kinder, die bereits an feste Beikost gewöhnt waren, nur mehr Brust oder Flasche akzeptieren. Dieser Rückfall in alte Zeiten ist völlig normal. Sofern Ihr Arzt keine Einwände hat, spricht auch nichts dagegen, erst einmal weiter nur zu stillen oder die Flasche zu geben.

Eine ähnliche Situation tritt ein, wenn der Säugling bereits in der Lage war, aus einer normalen Tasse zu trinken, und nun wieder die Lerntasse bevorzugt. Auch hier besteht kein Anlaß zur Sorge, denn sobald es dem Kleinen besser geht, wird er wieder feste Kost und das Trinken aus dem normalen Becher genießen.

EINFACH UND LEICHT

Breiige und weiche Gerichte wie Rühreier, zerdrückte Banane, Nudeln oder Suppe sind leicht verdaulich und lassen sich gerade bei Halsentzündungen oder Mumps besser schlucken. Auch Früchte sind bei Krankheit zu empfehlen, da sie ebenfalls leicht verdaulich sind und viel Wasser enthalten (ein Weg zur Regulierung des Flüssigkeitshaushalts). Zitrusfrüchte erweisen sich bei Halsentzündungen jedoch oft als zu scharf. Sparsamer anbieten, lautet hier die Devise. Cremige Speisen wie Pudding, Joghurt oder Frischkäse sind zwar ebenfalls leichter verdaulich und zudem bei kranken Kindern sehr beliebt, sollten aber bei Katarrh oder Nebenhöhlenentzündung lieber vermieden werden, da Milch die Verschleimung nur noch verschlimmert.

DIE GENESUNG

Auf dem Weg der Besserung kehrt der Appetit des Kinds von selbst zurück. Sie sollten jetzt Geduld haben und die Speisen so attraktiv wie möglich präsentieren, denn auch das Auge ißt mit. Verlieren Kinder während der Krankheit Gewicht, so nehmen sie bei normaler Kost meist schnell wieder zu.

Hyperaktivität

Kleinkinder lieben Herumtoben. Echte Hyperaktivität äußert sich jedoch anders als der normale Bewegungsdrang eines Kinds. Hyperaktive Kinder leiden an einer spezifischen Störung, die ihr Verhalten, ihre Fähigkeit zu lernen und zur Kommunikation beeinträchtigt. Diese Störung tritt normalerweise im Alter zwischen 2 und 5 Jahren auf. Entsprechende Hinweise gibt es jedoch bereits sehr früh, etwa Schlafstörungen oder die „Dreimonatskoliken“ (wenn Säuglinge in den ersten Lebensmonaten weinen und sich nicht beruhigen lassen). Zwar wissen auch Experten nicht genau, wodurch Hyperaktivität ausgelöst wird; die meisten betroffenen Eltern berichten aber von einer erheblichen Verbesserung, sobald die Ernährung umgestellt wurde.

ANZEICHEN FÜR HYPERAKTIVITÄT

- Ununterbrochenes Weinen, Schreien und permanente Ruhelosigkeit
- Schlaflosigkeit (manchmal nur 3–4 Stunden Schlaf in 24 Stunden)
- Dreimonatskoliken
- Probleme beim Stillen oder Flaschenfüttern
- Das Kind läßt sich nur schwer beruhigen oder in den Arm nehmen.
- Starker Speichelfluß
- Großer Durst
- Mit dem Kopf an die Wand schlagen

WAS IST HYPERAKTIVITÄT?

Bereits seit den 20er Jahren, als der Begriff Hyperaktivität geprägt wurde, steht die Wissenschaft bei dieser auch „hyperkinetisches Syndrom“ oder „Hyperkinese“ genannten Störung vor einem Rätsel. Als Schlüsselsymptome gelten Überaktivität, geringe Konzentrationsfähigkeit und impulsives Verhalten. Bei hyperaktiven Kindern sind im Vergleich zu normal aktiven Kindern die angeführten Symptome so extrem ausgeprägt, daß der Alltag und das Leben der Kinder und ihrer Familien gravierend beeinträchtigt ist.

WELCHEN ANTEIL HAT DIE ERNÄHRUNG?

Seit langem wird auch die Ernährung in Zusammenhang mit Hyperaktivität bei Kindern gebracht. Oft sind gerade jene Kinder davon betroffen, die bereits an Allergien wie Ekzemen, Asthma oder Heuschnupfen leiden. Sie reagieren dann auch häufig allergisch auf eine ganze Reihe von Lebensmitteln, etwa Milchprodukte oder Zucker. Jene Nahrungsmittel gelten als mögliche Auslöser für hyperaktive Verhaltensweisen. Mit einigem Erfolg wurde zur Behandlung hyperaktiver Kinder Nachtkerzenöl angewendet, insbesondere bei Kindern mit Atopieneigung (die also überempfindlich gegen bestimmte Stoffe reagieren).

PROBLEMATISCHE ZUSATZSTOFFE

Der amerikanische Arzt Benjamin Feingold kam zu der Auffassung, daß bestimmte Zusatzstoffe in der Nahrung Hyperaktivität auslösen. Sehr kritisch steht er hier insbesondere chemischen Stoffen wie Salicylat gegenüber, das zur gleichen Gruppe wie Aspirin gehört, sowie Farbzusätzen, die aus dem Teer der Steinkohle oder aus Azofarbstoff gewonnen werden. Salicylate sind in Mandeln, Tomaten, Äpfeln und vielen anderen Früchten enthalten. Deshalb empfiehlt Feingold eine Spezialkost frei von den Zusätzen, die seiner Auffassung nach zu einer eklatanten Verbesserung des Krankheitsbildes führt. Nachfolgende Studien mit dieser Diät lieferten allerdings keine eindeutigen Ergebnisse. Nach Meinung einiger Wissenschaftler liegt der Erfolg vielmehr in der verstärkten Aufmerksamkeit für die Kinder im Rahmen dieser Diät. Andere wiederum vertreten die Auffassung, daß allergische Reaktionen auf bestimmte Nahrungsmittel ein Symptom des Krankheitsbilds und keine Ursache darstellen. Bei Babykost ist die Verwendung bestimmter Zusatzstoffe gesetzlich untersagt, was allerdings die von Kindern heißgeliebten Fertigprodukte wie Fischstäbchen, Fertigbrei oder Kekse nicht betrifft. Achten Sie deshalb insbesondere auf folgende Zusatzstoffe:

- Azofarbstoffe: E 102, E 104, E 107, E 110, E 122–129, E 131, E 132, E 133, E 142, E 151, E 154, E 155, E 180
- Konservierungsstoffe: E 210–213, E 220–228, E 249–252, E 310–321
- Geschmacksverstärker: E 621–623u, E 924–926
- Natürlicher Farbstoff: E 106b

DIE ERNÄHRUNG UMSTELLEN

Schränken Sie die Ernährung Ihres Kinds nicht ohne ärztliche Weisung ein. Wollen Sie Ihr Vorhaben in die Tat umsetzen, so sprechen Sie vorher mit Ihrem Kinderarzt oder einem Fachmann für Kinderernährung, um sicherzugehen, daß Sie Ihrem Kind durch die Umstellung nicht schaden. Wenn die ganze Familie mitmacht (was der Gesundheit nur zuträglich ist), fühlt sich Ihr Kind auch nicht als „Außenseiter".

MEDIZINISCHE THERAPIE DER HYPERAKTIVITÄT

Für gewöhnlich werden bei Hyperaktivität Medikamente verschrieben, die die Konzentrationsfähigkeit verbessern und Überaktivität und impulsives Verhalten eindämmen. In vielen Fällen kann parallel dazu eine Verhaltenstherapie erfolgreich sein, die den Kindern hilft, ihr Verhalten besser zu kontrollieren.

Register